# 하이러닝을 활용한 깊이 있는 수업

조윤호 · 김경서 · 노기현
전유빈 · 황수민 공저

박영story

## 하이러닝을 활용한 깊이 있는 수업을 열며

오늘날 교육 현장은 끊임없이 변화하며 새로운 질문을 던지고 있습니다. 교사들은 매일 고민합니다. 어떻게 하면 우리 아이들이 단순한 지식 습득을 넘어, 삶과 연결된 의미 있는 배움을 경험할 수 있을까? 어떻게 하면 깊이 있는 성찰과 성장을 이룰 수 있을까? 하지만 현실은 녹록지 않습니다. 물리적인 교실의 한계, 다양한 학습 속도를 가진 학생들의 개별 요구, 복잡한 행정 업무 속에서도 수업의 본질에 집중해야 하는 과제들이 산적해 있습니다. 그럼에도 우리는 미래 교육의 가능성을 탐색하며, 학습자와 교사 모두가 행복한 교육 공동체를 꿈꿉니다.

이러한 시대적 요구에 응답하며, 이 책은 하이러닝을 활용한 깊이 있는 수업의 새로운 패러다임을 제안합니다. 하이러닝은 단순한 기술 도구를 넘어, 'Hi: 언제 어디서나 가능한 참여 학습', 'High: 개별 맞춤형 교육을 통한 성장 학습', 'Hybrid: 온·오프라인의 융합 학습'이라는 세 가지 핵심 '하이'를 통해 미래 교육의 비전을 구현하고자 합니다. 이는 곧 교육이 나아가야 할 방향, 즉 학습자 중심의 깊이 있는 배움을 향한 여정을 의미하기도 합니다.

하이러닝은 학생들을 수동적 참여자가 아닌, 자신의 배움을 주도하는 능동적 주체로 변화시킵니다. AI 맞춤형 진단을 통해 학생 개개인의 학습 속도와 수준에 맞춘 교육을 제공함으로써, 학생들은 자신에게 가장 적합한 방식으로 배움을 확장하고 내면화할 수 있습니다. 더 이상 뒷자리에 앉은 아이가 화면이 보이지 않아 소외되거나, 준비물 부족으로 수업 참여가 어려운 일은 없습니다. 실물 교구의 물리적 제약을 넘어선 디지털 환경에서 학생들은 직접 모형을 조작하고 탐구하며, 깊이 있는 원리를 직관적으로 이해할 수 있습니다. 기분 표시 기능을 통해 자신의 감정을 인식하고 표현하며, 자유로운 생각과 감정 표현을 통해 사회·정서적 역량을 함양하고, 문제 해결 과정을 논리적으로 정리하며 사고를 확장하는 경험을 할 수 있습니다.

교사들에게도 하이러닝은 놀라운 변화를 가져옵니다. 수업 자료 준비와 행정 업무에 소모되던 불필요한 시간을 획기적으로 줄여, 오직 학생들의 배움과 성장에 더 집중할 수 있도록 돕습니다. PPT 애니메이션을 일일이 설정하거나 종이 학습지를 출력하는 대신, 실시간으로 반응하며 학생 화면에 즉시 반영되는 역동적인 수업을 설계할 수 있습니다. AI 기반 진단 및 평가 기능은 학생 개개인의 학습 도달도와 취약점을 정확히 파악하여, 개별 맞춤형 피드백과 보충·심화 학습을 지원하는 든든한 조력자가 됩니다. 클래스보드를 통한 학생 활동의 누적 기록과 자리 배치 저장 및 관리 기능은 교실 밖에서도 학생들의 학습 흐름을 이어가고, 관계 중심의 교육을 실현하는 기반을 마련합니다. 수업 참여 신호등을 통해 학생들의 몰입도를 실시간으로 확인하며, 교사의 수업 진행 자체가 살아있는 애니메이션이 되는 효과를 만들어냅니다.

이 책은 하이러닝이라는 도구를 통해 우리가 추구하는 '깊이 있는 수업'이 무엇인지, 그리고 그것을 어떻게 실제 교육 현장에 구현할 수 있는지를 탐구합니다. 코로나19와 같은 예기치 못한 상황에서도 화상 수업, 등교 수업, 영상 수업 등 다양한 형태의 안정적인 학습 환경을 제공하며, 교사와 학생, 학부모가 유기적으로 연결되는 교육 3주체 시스템을 만들어가는 길을 제시합니다. 학습 놀이를 통해 아이들의 몰입을 이끌어내면서도, 그 배움의 흔적을 체계적으로 기록하여 평가와 피드백으로 연결하는 혁신적인 방법론을 공유합니다. 교과서 미리 읽기나 자기소개, 타임머신 활동, 역할극까지, 하이러닝은 교육활동 전반을 더욱 풍성하고 의미 있게 만듭니다.

이 책에 담긴 다양한 활용 사례와 깊이 있는 통찰은 선생님들께서 하이러닝을 통해 '설명'이 아닌 '질문과 대화'가, '암기'가 아닌 '탐구와 표현'이 중심이 되는 수업을 만들어가는 데 귀한 길잡이가 될 것입니다. 하이러닝과 함께, 모든 학생이 자신의 잠재력을 최대한 발휘하고, 배움 그 이상의 가치를 발견하는 깊이 있는 교육의 새로운 장을 열어갈 수 있기를 진심으로 바랍니다. 이 여정에 동참하는 모든 선생님들을 두 팔 벌려 크게 환영합니다.

**5인 공동저자 드림**

# 목차

PART Ⅰ

## 하이러닝을 이해하는 한 걸음

## PART II
## 하이러닝으로 만드는 깊이 있는 수업

PART III

## 부록

# PART I

# 하이러닝을 이해하는 한 걸음

1 하이러닝과 미래교육

2 하이러닝 활용 사례

3 하이러닝 주요 기능

# 1 하이러닝과 미래교육

## 하이러닝이란?

### 하이러닝이란?

미래교육을 지향하고 교사의 수업설계와 학생의 맞춤형 교육을 지원하는 경기도교육청의 AI기반 교수학습 플랫폼

**목표** AI를 활용한 교수·학습 혁신으로 학생 개인별 맞춤형 교육 실현

**비전** 교사와 학생은 더THE 가깝게 배움은 더THE 풍성하게

### 추진 방향

**Hi**
언제 어디서나 즐겁게 배움에 참여하며 공동체 구성원으로서 책임감을 나눈다.
참여학습

**High**
누구도 소외되지 않는 개인별 맞춤형 교육을 실현하며 교사와 학생이 함께 성장한다.
성장학습

**Hybrid**
온 오프라인을 넘나들며 경험을 확장하고, 기대를 확대한다.
융합학습

### 하이러닝 더 알아보기

하이러닝 홍보영상

하이러닝 홍보영상

출처: 경기도교육청

## 하이러닝의 3가지 의미

하이러닝의 의미는 그 명칭에서 찾아볼 수 있습니다. 하이러닝은 3가지 의미의 '하이'를 중심으로 혁신적인 학습 경험을 제공하며, 각 '하이'는 교육 플랫폼의 핵심 가치를 구체적으로 반영합니다. 각 '하이'의 의미는 아래와 같이 정리할 수 있습니다. 다음의 3가지 '하이'를 통해 참여도 높은 학습 환경, 학생 중심의 맞춤형 교육, 그리고 융합된 학습 방식을 실현할 수 있습니다.

### ❶ Hi: 언제 어디서나 가능한 참여학습

'Hi'는 하이러닝이 제공하는 접근성과 친근함을 강조하는 핵심 요소입니다. 이 개념은 학생들이 언제 어디서나 자신에게 맞는 시간과 장소에서 수업에 참여할 수 있다는 점을 나타냅니다. 하이러닝은 디지털 플랫폼을 활용해 학생들에게 물리적, 시간적 제약을 벗어나 유연한 학습 환경을 제공합니다.

하이러닝은 어디서나 접속할 수 있는 시스템을 통해 지역적 한계를 넘어선 원격 학습 기회를 제공합니다. 인터넷 연결만 가능하다면 장소에 구애받지 않고 언제든지 학습할 수 있습니다.

### ❷ High: 개별 맞춤형 교육을 통한 성장학습

'High'는 하이러닝이 지향하는 '누구도 소외받지 않고 개인별 맞춤화된 학습'을 의미합니다. 이 부분은 특히, 각 학생의 학습 능력과 진도에 맞춘 개별화 교육을 통해 학생들이 높은 학습 목표 도달을 이루어낼 수 있도록 돕는 요소입니다.

하이러닝은 학생 개개인의 학습 수준과 학습 속도를 고려한 맞춤형 경로를 제공합니다. 이를 통해 학생들은 자기 주도적인 학습을 할 수 있으며, 개별적인 피드백을 통해 지속적으로 학생들의 성장을 지원할 수 있습니다.

맞춤형 학습은 학생들이 스스로 학습 과정을 효과적으로 관리하고, 자신만의 속도로 학습할 수 있도록 합니다. 또한, 실시간 피드백을 통해 높은 성취를 이루기 위한 동기부여를 받을 수 있습니다. 학생의 성장이 분명하게 나타나므로, 학생이 스스로의 발전을 지속적으로 확인하며 학습을 이어갈 수 있습니다.

## ③ Hybrid: 온·오프라인의 융합학습

'Hybrid'는 하이러닝이 추구하는 온·오프라인 학습의 융합을 의미하며, 학생들이 디지털 학습 환경과 전통적인 교실 학습을 결합하여 최적의 교육 경험을 할 수 있도록 지원합니다. 이 방식은 특히 상호작용과 협업의 기회를 강화하며, 다양한 학습 경험을 제공합니다.

하이러닝은 디지털 플랫폼을 활용하면서도, 교실 수업과의 연계를 통해 실제 학습 환경을 보강합니다. 학생들은 실시간 비대면 수업과 대면 활동을 통해 상호작용하며, 협력적 학습을 강화할 수 있습니다. 이는 학습의 실용성과 깊이를 더하는 중요한 요소입니다.

온라인 환경에서 제공되는 모니터링을 통한 즉각적인 피드백, 모둠/발표수업 기능은 학생들 간의 상호작용을 촉진시켜, 협력적 소통 능력과 문제 해결 능력을 키울 수 있게 합니다. 또한, 온라인 학습 자료를 통해 다양한 학습 자원에 접근함으로써 심화 학습을 실현할 수 있습니다.

## ④ 하이러닝의 3가지 '하이(Hi, High, Hybrid)'가 만드는 미래 교육

하이러닝은 'Hi'로 대표되는 접근성과 참여도 높은 학습 환경을 제공하며, 'High'를 지향하여 학생들이 각자의 학습 경로에 맞춰 높은 성취를 달성할 수 있도록 돕고, 'Hybrid'로 온·오프라인 학습을 결합하여 최적의 학습 경험을 창출합니다. 이 세 가지 '하이'는 하이러닝이 지향하는 학생 중심의 혁신적인 학습 모델을 구현하며, 개별화된 학습에 적극적으로 참여하게 하고, 지속적인 동기 부여, 효율적인 학습 환경을 동시에 제공하여, 학생들이 미래 사회에 필요한 핵심 역량을 갖출 수 있도록 돕습니다.

## 디지털 기반 학습의 필요성

사회는 급격한 변화 속에서 발전하고 있으며, 4차 산업 혁명과 마주한 우리 교육 역시 이러한 변화에 발맞추어 나가야 합니다. 특히, 미래를 살아갈 주인공인 학생을 위해 교육자는 한 걸음 더 발빠르게 대응해야 할 필요가 있습니다. 디지털 기반 학습은 학생들의 학습 효과를 극대화하고, 미래 사회에 필요한 역량을 함양하는 데 중요한 역할을 합니다. 따라서 디지털 기술을 교육에 적극적으로 도입하는 것은 학생들에게 더 나은 학습 환경을 제공하는 중요한 방법이 될 수 있습니다.

디지털 기반 수업이 학생들에게 유익한 이유는 크게 정보 접근의 용이성, 개인화된 학습, 창의적 문제해결력 향상, 그리고 미래 사회 준비라는 측면에서 찾을 수 있습니다.

첫째, 디지털 학습은 학생들에게 빠르고 쉬운 정보 접근을 가능하게 합니다. 과거에는 교과서와 교사의 설명에 의존하는 학습 방식이 일반적이었지만, 디지털 기반 수업은 학생들이 다양한 온라인 자료에 즉시 접근할 수 있도록 해 줍니다. 인터넷을 통해 학생들은 추가적인 학습 자료, 관련 영상, 심화 정보를 손쉽게 찾아볼 수 있습니다. 이러한 정보의 접근성은 학생들에게 보다 깊이 있는 학습을 가능하게 하며, 학습의 폭을 넓히는 데 기여합니다.

둘째, 디지털 기반 수업은 학습의 개인화를 촉진합니다. 학생마다 학습 속도와 스타일이 다르기 때문에, 전통적인 천편일률적 수업 방식으로는 모든 학생의 요구를 충족시키기 어려운 경우가 많습니다. 그러나 디지털 학습 도구와 프로그램은 학생 각자의 학습 수준과 필요에 맞는 맞춤형 학습을 제공할 수 있습니다. 예를 들어, 학생들이 특정 주제에 대해 어려움을 겪으면 반복적으로 학습할 수 있는 기회를 제공하고 더 깊이 있는 학습을 원하는 학생에게는 심화 자료를 제공하여, 각자의 학습 속도와 수준에 맞게 효율적으로 학습을 진행할 수 있습니다. 수업 중 다루지 못한 부분이나 이해가 부족한 내용을 다시 학습할 수 있어, 자신의 학습 속도에 맞추어 학습을 이어나갈 수도 있습니다.

셋째, 디지털 기술은 학생들의 창의적 문제 해결력을 향상시킵니다. 디지털 도구를 활용한 수업은 학생들이 단순히 정보를 수용하는 데 그치지 않고, 주어진 문제를 해결하기 위해 다양한 방법을 탐색하고 창의적으로 접근할 수 있게 합니다.

예를 들어, 프로젝트 기반 학습에서 학생들은 디지털 도구를 사용하여 팀원들과 협업하거나, 자신의 아이디어를 시각적으로 표현하는 작업을 할 수 있습니다. 이러한 과정에서 학생들은 창의적 사고를 기르고, 문제 해결 능력을 향상시키는 데 큰 도움이 됩니다. 활용을 진행하며 디지털 기초 소양도 함양될 수 있습니다.

디지털 기반 학습은 학생들에게 정보의 접근성을 높이고, 개인화된 학습을 가능하게 하며, 창의적 문제 해결 능력을 향상시키는 데 기여합니다. 또한, 학생들이 미래 사회에 대비할 수 있는 중요한 기술을 습득하게 해 줍니다. 따라서 디지털 학습은 이제 더 이상 선택이 아닌 필수적인 교육 방법이 되어야 합니다. 디지털 기술을 교육에 적극적으로 활용한다면 학생들이 보다 나은 미래를 준비할 수 있는 중요한 밑거름이 될 것입니다.

## 교육혁명과 하이러닝의 연관성

2022 개정 교육과정에서 강조하는 '깊이 있는 학습'으로의 변화와 함께 교육부가 제시한 '교사가 이끄는 교실혁명'과 경기도교육청의 '하이러닝'은 모두 디지털 시대의 교육 혁신을 목표로 하고 있습니다. 경기도교육청은 교육 주체에 대한 지원 방안의 일환으로 하이러닝을 선도하고 있습니다.

### 첫 번째, 교사 주도의 혁신

교사는 수업 및 평가 혁신의 주체로, 이는 하이러닝에서 강조하는 교사가 주도적으로 창의적 교육을 이끌어 나가는 '하이터치' 개념과 같습니다. 교사가 중심이 되어 교사 스스로 교육의 변화를 일으켜 나가는 교육 혁명과 교사가 직접 혁신적 교육을 할 수 있도록 도움을 주는 하이러닝은 '교사 주도의 혁신'을 가능하게 합니다.

### 두 번째, 디지털 기술의 활용

교육부는 '함께학교' 플랫폼에 '수업 나눔 광장'을 신설하여 디지털 환경에서의 교사 간 협력을 촉진하고 있습니다. 경기도 교육청의 하이러닝은 온·오프라인 연계 교육 플랫폼으로써 자체 디지털 교육뿐만 아니라 다른 에듀테크, AI 교육 프로그램

과도 연계해 교육할 수 있는 '하이테크' 접근을 강조하고 있습니다. 교육혁명과 하이러닝 모두 디지털 교육의 일환으로 대한민국 교육 향상에 기여하고 있습니다.

**세 번째, 맞춤형 학습의 활성화**

위 두 가지 교육정책(교사 주도의 혁신, 디지털 기술의 활용) 모두 개인별 맞춤형 교육을 강조합니다. 교육부는 AI 디지털교과서의 도입을 통해 이를 실현하고자 하고 있으며, 경기도교육청에서는 하이러닝을 통해 AI 기반 맞춤형 학습을 지향하고 있습니다. 에듀테크가 학생의 다양성을 고려한 맞춤형 학습에 도움을 준다면, 교육부와 경기도교육청에서는 공교육 차원에서 에듀테크를 활용한 맞춤형 학습 활성화에 기여하고 있는 것입니다.

**네 번째, 학생 중심 학습**

최근 교육계에서는 학생들의 자발적 참여와 질문 능력 향상을 중요시하고 있습니다. 교육부는 '질문하는 학교' 운영을 통해 학생 주도의 학습을 실현하고자 하며, 경기도교육청의 하이러닝 또한 학생이 스스로 질문하고 생각을 교환하도록 플랫폼으로서의 역할을 합니다. 교사 중심의 학습에만 머무르지않고, 학생이 주도성을 갖고 능동적으로 수업에 참여할 수 있도록 환경을 조성하고 있습니다.

결론적으로, 경기도교육청의 '하이러닝'은 교육부에서 강조하는 '교육혁명'을 현실화하는 플랫폼으로 기능하며, 미래 교육의 방향성을 제시하는 중요한 역할을 하고 있습니다.

## 미래 교육 시스템에서의 하이러닝의 역할

교육은 시대의 변화에 따라 지속적으로 진화해왔습니다. 과거의 교육 시스템이 교사 주도적·획일적 교육 중심으로 운영되었다면, 현재의 교육 시스템은 개별 맞춤형 학습, 자기주도적 학습, 협력적 학습 등의 학생 주도적 교육이 강조되고 있습니다. 「유네스코 미래 교육 2050 보고서」에 따르면, 미래의 교육 시스템은 현재 교육의 방향을 유지하면서 그 깊이가 더해질 것이며 변화된 교육 시스템을 뒷받침할 수 있는 AI 기반 디지털 교육의 발전을 예상할 수 있습니다. 미래 교육의 급변화에서 우리 아이들이 적응할 수 있도록 하는 학습 플랫폼의 중심에 '하이러닝'이 있습니다. 그래서 미래 교육에서의 하이러닝의 역할과 필요성에 대해 소개하고자 합니다.

## ❶ 미래 교육의 핵심 요소

### 1) AI 및 데이터 기반 맞춤형 학습

학습자별 데이터 분석을 통해 개별화된 학습 콘텐츠를 제공하고 AI를 활용하여 학습을 진단하여 실시간으로 맞춤 피드백을 진행합니다.

### 2) 학생 주도 학습의 강화

수동적인 학습자가 아닌 능동적인 학습자로서 학습 목표를 설정하고 학습의 경로를 스스로 조절할 수 있는 역량을 키우는 교육에 방향을 둡니다. 교사의 역할은 학생의 학습을 도와주는 지원자이자 촉진자로서 역할을 수행합니다.

### 3) 협력 학습과 글로벌 교육 공동체 확장

학습 공동체를 통해 협력학습을 강화하고 온오프라인 융합을 통한 세계적인 학습 네트워크를 통해 글로벌 교육을 실시할 수 있습니다.

이러한 미래 교육의 요소들을 통해 미래 학습자로서의 다양한 역량을 기를 수 있습니다.

## ❷ 하이러닝의 역할

미래 교육의 요소들을 효과적으로 수업에 적용할 수 있는 도구로써 하이러닝을 사용할 수 있습니다.

첫째, AI 기반 진단을 통한 개별 맞춤형 학습을 실현할 수 있습니다. 교사는 학생 개개인의 학습 수준에 맞는 개별 맞춤형 수업을 설계하는 것이 바람직하나, 기존의 수업 방식에서는 개별 학습자의 데이터 분석이 쉽지 않습니다. 하이러닝은 학습 데이터와 성취도를 AI 기반으로 분석하여 교수학습설계 환경을 구성할 수 있도록 도울 수 있습니다.

둘째, 학생 중심 수업을 확대할 수 있습니다. 교사가 수업에서 학습의 과정들을 통제하는 것이 아닌 학생이 자신의 학습 수준에 따라 학습 목표를 설정하고 적극적으로 참여할 수 있는 다양한 수업 툴을 가지고 있습니다.

마지막으로 협력 학습에 최적화 되어있습니다. 학급 내에서 학생 간 협력과 상호작용을 촉진할 수 있는 기능을 사용할 수 있어 상호 피드백 및 공동으로 학습 문제를 해결하는 학습 분위기를 조성할 수 있습니다.

하이러닝은 단순한 디지털 학습 도구가 아니라, 미래 교육의 핵심 요소인 자기주도 학습, 협력 학습, 과정 중심 평가, 맞춤형 학습을 실현하는 교육 플랫폼입니다. 하이러닝을 활용하면 학생은 배움의 주체가 되고, 교사는 보다 효과적인 교수학습설계를 할 수 있으며, 지속 가능한 미래 교육을 구현할 수 있습니다.

## 하이러닝 vs AI 디지털 교과서

### 1 개발 주체 및 목적

#### 하이러닝

경기도교육청에서 교육 현장의 필요성에 맞춰 개발한 것으로, 원격 수업, 블랜디드 러닝, 교사–학생 간 소통 지원, 수업결과 기록, 학생학습관리 등을 지원하는 종합학습관리 시스템입니다.

#### AI 디지털 교과서

한국 교육부 주도로 개발된 것으로, 전통적인 교과서를 디지털화하여 AI 기술을 활용해 학생 개개인의 학습 수준과 속도에 맞는 맞춤형 학습을 제공합니다.

## ❷ 기능 및 특징

| | |
|---|---|
| **하이러닝** | • 출결, 과제, 평가 등을 통합 관리해 학생의 전반적인 학습 관리 시스템으로 활용할 수 있습니다.<br>• 교사-학생 간, 학생들간 소통을 위한 게시판 및 채팅이 가능합니다.<br>• 교사가 필요한 자료를 통해 자유롭게 수업을 구성할 수 있습니다.<br>• 교사 간 자료를 공유할 수 있는 콘텐츠 모음 공간이 별도로 마련되어 있습니다. |
| **AI 디지털 교과서** | • 학생의 학습 데이터를 분석하여 학생 개개인에게 최적화된 학습경로를 제공합니다.<br>• 동영상, 퀴즈, 시뮬레이션 등 다양한 멀티미디어 자료를 포함합니다.<br>• 기존 교과서를 디지털화하고 AI 기능의 추가한 교과서 중심 플랫폼입니다. |

## ❸ 활용 방식

| | |
|---|---|
| **하이러닝** | • 실시간 수업, 과제 관리, 평가 등 교사의 수업 운영을 효율화합니다.<br>• 교사-학생 간, 학생들간 교류할 수 있는 기능이 다양합니다.<br>• 학생과 학부모도 학습내용 기록을 확인하고 점검할 수 있습니다. |
| **AI 디지털 교과서** | • 주로 AI를 활용한 맞춤형 자기주도적 학습을 지원합니다.<br>• AI가 학생의 학습 패턴을 분석하여 맞춤형 콘텐츠를 추천합니다. |

하이러닝은 수업과 학급 운영, 관리 도구로서,

AI 디지털 교과서는 콘텐츠와 학습 도구에 최적화된 에듀테크입니다.

## 디지털 교육의 미래, 코로나 팬데믹 이후에도 계속되어야 하는 이유는?

코로나 19 팬데믹이 끝나고 대면 수업이 재개되었음에도 불구하고, 학교 수업 내 디지털 교육은 단순히 위기 대응을 넘어, 미래 교육의 필수적인 요소로 자리잡고 있습니다.

### ❶ 블랜디드 러닝의 필요성

온라인과 오프라인의 융합으로 더 유연한 학습 환경을 제공하여, 재료 및 교구 준비나 1대 n 실시간 쌍방 소통, 학생들의 다양한 학습 스타일과 요구 등 대면 수업에서 어려웠던 것들을 해결할 수 있습니다. 더불어 학습 시간과 공간의 제한을 뛰어넘음에 따라 학교 안과 밖을 연결해 학습을 지속할 수 있으며, 교사는 수업 자료를 공유, 기록하고 적절한 피드백을 제공할 수 있습니다.

### ❷ 개인별 맞춤형 학습 지원

디지털 도구는 AI 기술을 활용해 학생 개개인의 학습 결과를 분석하여 맞춤형 콘텐츠를 제공합니다. 이를 통해 학생들의 학습 격차를 줄이고, 자기주도적 학습을 돕습니다. 더불어 학생들의 이해도를 높이는데 도움이 되는 동영상, 퀴즈 등 다양한 형식의 자료를 활용할 수 있습니다.

### ❸ 교사와 학생 간 소통 및 협업 강화

하이러닝, google meet와 같은 도구는 교사와 학생 간, 그리고 학생들 간 실시간 소통을 가능하게 합니다. 질문과 답변, 토론, 프로젝트 협업 등을 더 원활하게 만듭니다. 또한 학생의 과제를 효율적으로 관리하고, 학습 데이터 분석을 통한 실시간 피드백이 가능합니다.

### ④ 교육의 평등성과 접근성

디지털 도구를 통해 지역들 간 교육 격차를 줄일 수 있습니다. 모든 학생이 동일한 교육 자료와 기회에 접근할 수 있도록 지원합니다. 더불어 텍스트 음성 변환, 자막, 화면 확대 등을 통해 특수교육대상 학생의 학습을 도울 수 있습니다.

### ⑤ 미래 역량 강화

디지털 도구를 활용하는 과정에서 학생들은 자연스럽게 디지털 기술에 익숙해지고, 이는 미래사회에서 필수적인 디지털 리터러시를 키우는 데 도움이 됩니다. 더불어 디지털 도구를 통해 프로젝트 기반 학습이나 협업 활동을 진행하여 학생들의 문제 해결 능력과 협력적 소통 역량을 함양할 수 있습니다.

디지털 도구의 활용은 단순히 위기 대응을 위한 임시 방편이 아니라, 미래 교육의 핵심 인프라로 적용합니다. 이를 통해 학생들은 더 유연하고 개인화된 학습 경험 기회를 얻고, 교사는 수업의 질을 높이고 학생들과의 소통을 강화할 수 있습니다. 더불어 디지털 도구는 교육의 평등성과 접근성을 확보하고, 학생들이 미래 사회에 필요한 역량을 키우는데 기여합니다. 이에 코로나 팬데믹이 끝남에 따라 학교 대면 수업이 재개되었더라도 디지털 도구를 활용한 수업을 진행하려는 시도와 움직임은 끊임없이 이루어져야 합니다.

## 2022 개정 교육과정과 하이러닝의 연관성

사회 구조의 빠른 변화로 인해 교육에서도 많은 변화가 일어났습니다. 그 중 가장 큰 변화는 디지털 기술이 교육에서 필수적인 요소로써 자리잡고 있다는 것입니다. 2022 개정 교육과정은 학생 중심 학습, 깊이 있는 학습을 강조하고 있기 때문에 기존의 교수 학습 방식과 평가의 변화를 요구하고 있습니다. 그래서 하이러닝과 같은 디지털 학습 플랫폼을 도입하여 이전의 한계를 넘은 학습 과정의 질을 높여 교육의 혁신을 이루고 있습니다.

2022 개정 교육과정에서 하이러닝의 도입은 다음과 같은 긍정적인 효과가 있습니다.

첫 번째로, 학습 과정의 기록을 통해 성찰을 돕는다는 것입니다. 2022 개정 교육과정에서는 학생이 자신의 학습 과정을 성찰하고 피드백을 반영하여 보완·발전하는 것을 강조하는 데, 하이러닝의 자동 기록 기능과 실시간 피드백 제공 기능으로 실현 가능합니다.

두 번째로, 깊이 있는 학습이 가능하도록 교수 학습 설계를 지원하는 다양한 기능이 있다는 것입니다. 수업 자료 설계를 지원하는 많은 콘텐츠와 협력적 학습을 할 수 있는 수업 도구들이 있기 때문에 교사의 수업 설계에 큰 도움이 됩니다.

마지막으로, 지역 간 차이를 해소하는 자료 공유 기능으로 온라인 전문적 학습 공동체의 역할을 할 수 있다는 것입니다. 교사가 제작한 다양한 콘텐츠를 활용하는 것뿐 아니라 자신이 제작한 콘텐츠를 공유할 수 있어서 하이러닝을 통해 전문적 학습 공동체처럼 기능할 수 있습니다.

2022 개정 교육과정의 패러다임을 현실화할 수 있는 하이러닝의 다양한 기능은 지속적으로 발전되고 있으며 앞으로도 교실에서 깊이 있는 학습을 설계하는 데 큰 도움이 될 것입니다.

# 2 하이러닝 활용 사례

## HI 학습으로의 평가

AI 맞춤형 진단으로 학습으로의 평가 실현

### 1 AI 맞춤형 진단과 학습으로의 평가란?

OECD에서는 2019년에 「2030년을 위한 미래 교육과 기술」이라는 보고서를 통해 '기술과 교육의 경주'를 논하였습니다. 보고서에서는 기술이 발전될수록 그에 대한 교육 기회가 더 많이 주어져야 하지만, 그러지 못했던 시기에는 사회적 불평등이 발생되었다는 점을 지적하고 있습니다. 이는 교육이 기술을 앞서지 못하면 사회적 혼란이 심화된다는 것으로 이해할 수 있습니다.

세계의 전반에서 AI와 결합한 다양한 형태의 전환이 일어나고 있습니다. 이는 기술의 혁신적 변화에 대응하는 교육적 변화가 요구되는 시점이라 할 수 있습니다.

그 과정에서 교육 현장은 기존의 교육적 철학과 가치를 유지하면서도 교육의 방법적 측면에서 AI와의 결합을 통해 학습자의 삶과 연계하고 탈바꿈하고 있습니다. 그 과정의 중심에 '하이러닝'이 있고, AI 활용교육의 공교육 플랫폼으로써 다양한 지원을 하고 있습니다. 그중에서도 'AI 맞춤형 진단'은 학습으로의 평가를 실현할 수 있는 기반을 마련하고 있습니다.

학습으로의 평가는 학습 과정과 결과에 대해 학생 스스로 성찰하고, 자기 주도적인 학습 경험을 통해 학습 내용을 실생활 맥락 문제 해결에 적용할 수 있는 역량을 키우는 평가입니다. 교수·학습과 평가가 일관성 있고, 균형 있게 이루어지며 평가 결과는 교수·학습의 질을 개선하는 데 활용하여 모든 학생의 성공적인 학습을 지원합니다.

하이러닝의 AI 진단과 연계한 학습으로의 평가는 교육 현장에 실생활 맥락에 기반한 과정 중심의 평가를 실천하고, 이를 바탕으로 맞춤형 피드백으로 학습자들의 학습을 성찰하고 개선하는데 도움을 주고 있습니다. 이는 궁극적으로 학습자들의 학습을 확장하고, 미래 역량을 키우는데에 기반이 되고 있습니다.

## ❷ 'AI 맞춤형 진단'과 '학습으로의 평가'에 대한 철학 및 실천방안

교사들이 학습으로의 평가를 실천하는데 있어서 가장 고민이 되는 부분은 이론적 부분보다는 평가를 위한 준비, 내용 대상이 너무 많다는 현실적 측면에서의 어려움에 있습니다. 하이러닝은 이러한 현실적 측면의 어려움을 해소해주고, 학습으로의 평가를 현실화하는 데에 핵심적인 도움을 준다는 측면에서 수업에 적용하고자 하였습니다.

### 첫 번째, AI 진단 서비스를 통해 효과적으로 학습자의 출발점 진단

하이러닝 내에 있는 AI 진단 서비스는 학습자 개인의 과목, 역량, 핵심개념에 대한 성취 정도를 분석하고 종합하여 교사에게 해당 영역 보충 학습의 필요성을 인지시키는데 큰 역할을 하고 있습니다. 교사 개인이 다수의 학습자 전체의 성취도를 진단하는것보다, 더 구체적이고 꼼꼼하게 학습자의 출발점을 진단할 수 있다는 점을 적극적으로 활용하고자 하였습니다.

### 두 번째, 소모적인 평가 기반/준비 시간 감축

평가를 진행하기 위해 교사에게는 가장 기본적인 평가를 위한 종이 출력부터 평가 아이디어 구상, 평가 문제 제작 등 많은 시간과 노력이 필요합니다. 뿐만 아니라 평가 종료 후에는 전체 평가를 채점하고 분석하는데에도 큰 노력이 들어갑니다. 하이러닝은 종이를 출력하거나 채점을 하는 등 소모적인 시간을 줄이고, 교사가 학습으로의 평가의 본질을 실현하는 현실적인 시간 마련에 도움을 주었습니다.

### 세 번째, 수업-평가-피드백의 일체화 실현으로 학습에 깊이 더하기

하이러닝은 수업 중 모니터링 기능을 이용해 그 전과정의 평가를 실시간으로 진행할 수 있습니다. 때문에 즉각적인 피드백으로 학습자가 효과적으로 성찰하는 데에 큰 역할을 제공합니다. 이러한 점에서 학습으로의 평가가 지향하는 수업－평가－피드백 전 과정 중심의 일체화를 실현하여 수업 전체의 깊이를 더할 수 있었습니다.

## ❸ 하이러닝을 통한 AI 맞춤형 진단과 학습으로의 평가

하이러닝에서 제공하는 'AI 맞춤형 진단' 서비스는 AI 분석을 통해 학생 개인별 학습법을 진단하고, 그에 적합한 콘텐츠를 추천하고 있습니다. 이는 교사가 학습자들의 출발점을 올바르게 진단하고, 적합한 피드백과 학습 방법을 제시할 수 있는 의미있는 데이터로 활용할 수 있습니다. 궁극적으로는 하이러닝의 AI 맞춤형 진단 서비스를 활용해 학교 현장에서 누구나 학습으로의 평가를 실현할 수 있도록 기반을 마련합니다.

## ❹ HI 학습으로의 평가 수업 사례

하이러닝을 통해 학습자들의 출발점을 진단하고, 수업 내용에 대한 성취도를 평가하고 맞춤형 학습을 제공하는 데에 중점적으로 활용하였습니다. 하이러닝의 기능 중 'AI 학습진단', '내가 만드는 문제집', '문제풀이', 'AI 리포트' 등은 학습자들을 진단하고 평가하는데에 다양한 방법으로 활용할 수 있습니다.

### 1) 학기초 학습자들의 출발점 진단하기

하이러닝의 AI 진단 기능을 통해 전과목 전영역을 대상으로 학습자들의 기초 기본 학습 역량을 파악합니다. 이는 추후 학습자들의 수준에 맞는 수업 구성을 계획하는데에 큰 도움이 되었으며, 학습자들의 성취도 특성에 적합한 에듀테크 도구를 선정하는데에도 도움이 되었습니다.

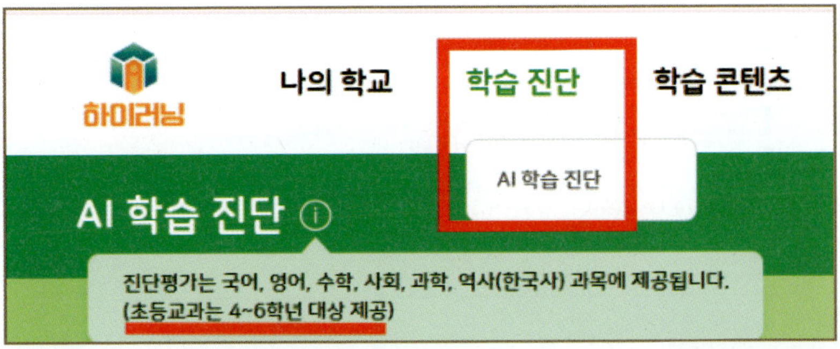


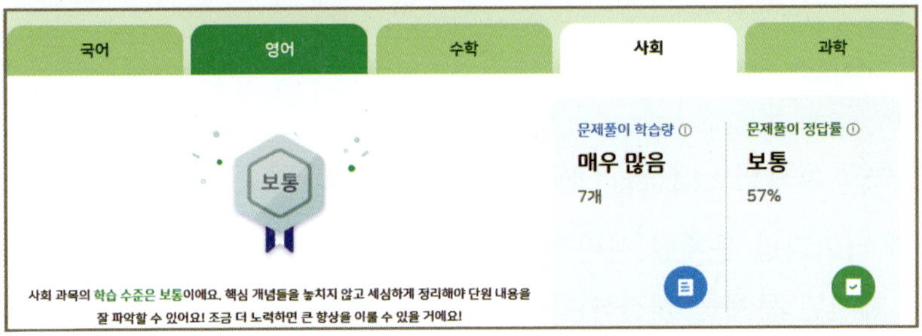


## 2) 온오프라인 교실 속 관찰평가의 한계를 극복하고 수시평가로 거듭나기

디지털 도구(태블릿 pc, 크롬북 등)를 활용한 수업의 경우 학습자들은 하나의 화면 안에서만 활동을 하므로 교사가 오프라인에서 학습자들의 활동을 점검하고 피드백을 제시하는 데에 어려움이 있었습니다. 하지만 하이러닝의 모니터링 기능을 통해 관찰평가를 수시로 진행하며 학습자들의 성취 정도를 쉽고 효과적으로 파악할 수 있었습니다.

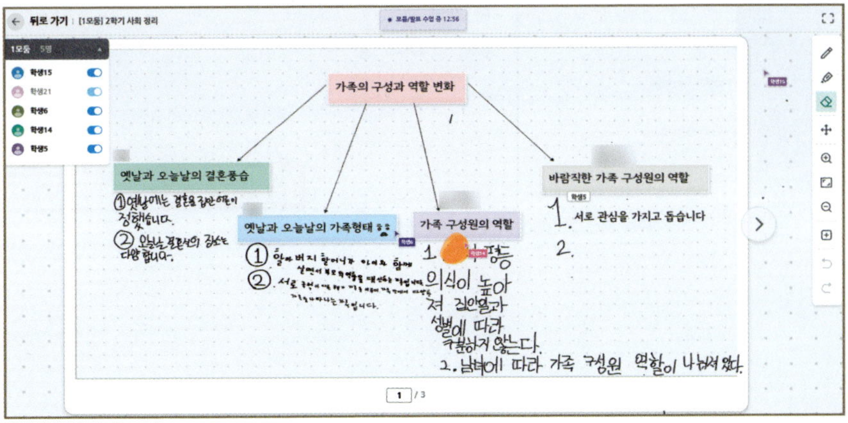

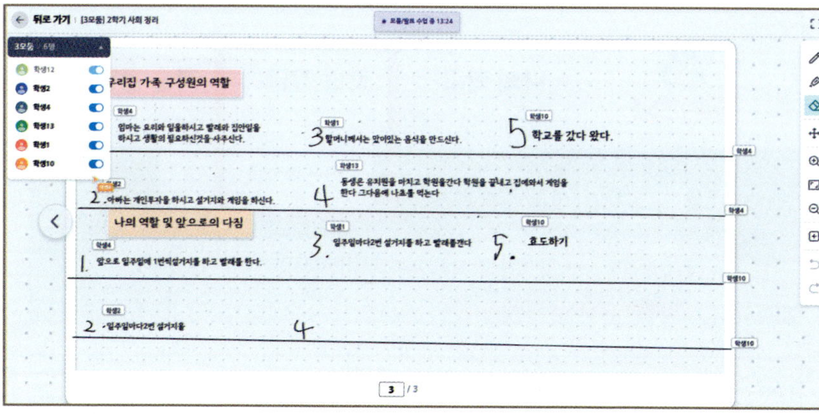

### 3) 빠르고 정확한 단원평가로 학습자 성찰 제고

교사가 하이러닝 문제집 서비스 내에 단원평가를 위한 문제를 등록만 해 두면, 학습자는 제시된 문제를 해결하며 즉각적으로 자신의 성취도를 파악할 수 있습니다. 이는 교사의 채점 시간으로 인한 불가피한 지연된 피드백을 사전에 차단하고, 즉각적인 피드백으로 학습자 스스로가 강점과 약점을 진단할 수 있는 자주적인 학습 습관을 형성하는 데에도 큰 도움이 되었습니다. 특히, 성취도 평가가 잦은 수학 교과에 활용성이 높았습니다.

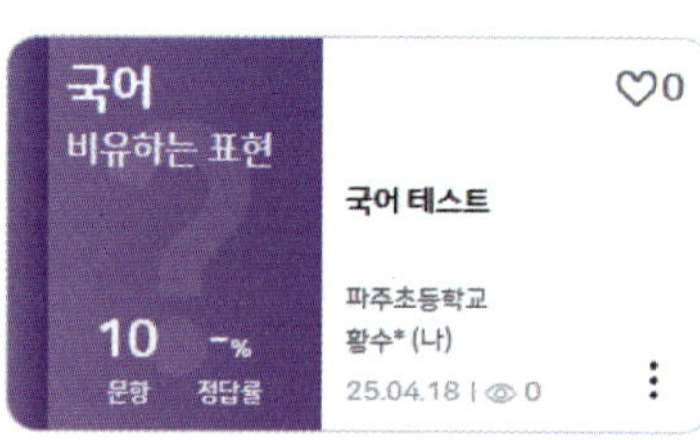

### 4) 오답노트를 통한 자기주도적 학습 실현

문제풀기 기능을 활용한 후, 학습자들에게는 오답노트 기능이 활성화됩니다. 이 오답노트에 들어가면 문제푸는 데 걸린 시간, 나의 오답률, 해설 등 다양한 문제풀이 정보를 확인할 수 있습니다. 단순히 문제를 풀고 끝나는 것이 아니라 학습자들이 자신이 부족한 부분을 꼼꼼하게 체크하고 보완할 수 있어 해당 분야를 적극적으로 활용하였습니다. 특히, 온라인상으로 확인만 하지 않고 따로 공책에 오답노트를 적극적으로 작성하는데 필요한 기초 데이터로 활용하면 좋습니다.

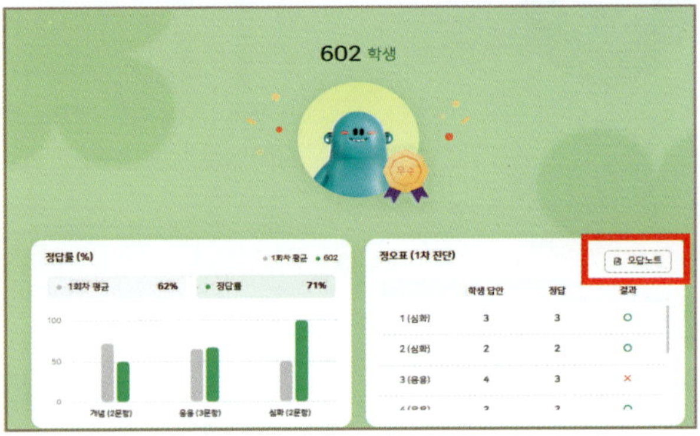


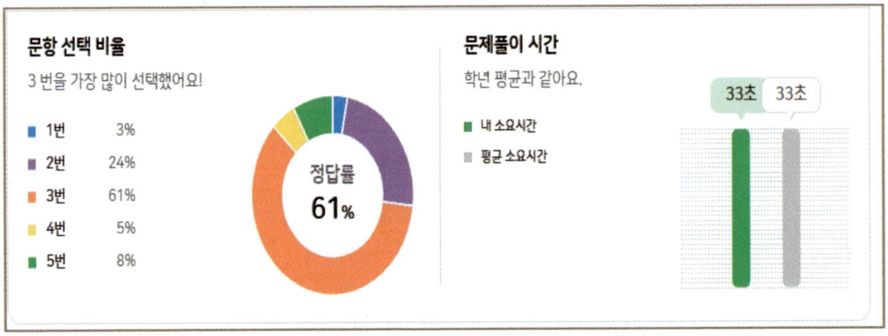


### 5) AI 리포트 기능을 통해 학습자 맞춤형 과제 제공

하이러닝 내의 문제집 풀이를 활용하면 활용할수록 하이러닝에는 학습자들의 성취도 데이터가 쌓입니다. 교사는 이러한 데이터를 'AI 리포트' 기능을 통해 파악할 수 있습니다. 구체적으로 보충 학습이 필요한 과목, 영역, 핵심개념에 적절한 추가 문제집을 제시함으로써 학습자들에게 맞는 맞춤형 학습을 제시할 수 있습니다.

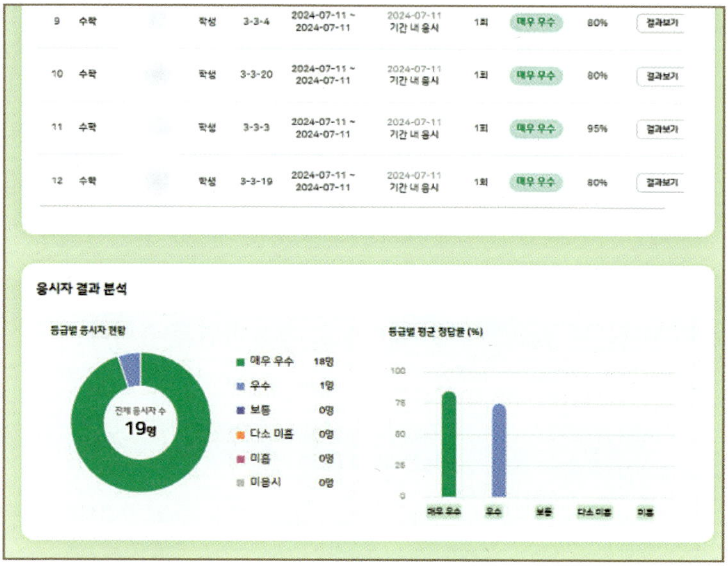


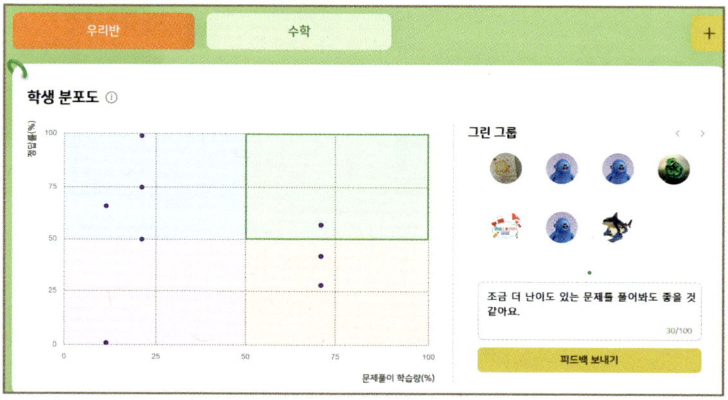


## 5 '학습으로의 평가' 수업 사례 회고

끊임없이 변화해가는 교육 현장에서 교육의 트랜드를 모두 좇아 학습에 반영하기는 사실 쉽지 않습니다. 하지만 수많은 변화 속에서 단 하나, 그 교육의 본질은 변화하지 않는다고 생각합니다. 그리고 교육의 본질에서 중요한 것 중 하나가 바로 '평가'입니다. 학습자를 평가하고 그에 맞는 적절한 교육을 실시하는 것은 교육 현장에서 매우 중요합니다. 학습자는 저마다 성취도가 다르고 강점과 약점이 모두 다르기 때문입니다.

기존의 교육에서 학생들을 평가하고 그에 따른 맞춤형 학습을 정확하게 제시하는 것은 사실 쉽지 않았습니다. 특히나 학생 수가 많을 경우 학습자를 진단하는데에만 해도 엄청난 시간이 들기 때문입니다. 하지만 하이러닝은 그러한 소모적인 시간을 줄여주었습니다.

하이러닝에 탑재된 다양한 기능을 통해 학습으로의 평가를 실천해 보세요. 수업자 본인도 하이러닝을 통해 학습자의 주도성을 찾고, 학생 맞춤형 교육을 실현하는 데에 많은 도움이 되었습니다. 저의 이야기가 여러분들이 향하는 학습으로의 평가의 정도에 도움이 되길 바랍니다.

## HI 학생 주도 학습

개별 맞춤형 교육을 통해 배움을 주도하는 미래 학습자

### 1 학습자 주도성(learner agency)이란?

학습자 주도성은 삶과 학습을 스스로 이끌어가는 주도성이라고 할 수 있습니다. 불확실한 미래에 능동적으로 대처하기 위해 학습과 삶 모두를 주체적으로 살아가는 능력을 길러야 합니다. 현재 2022 개정 교육과정에서도 수업과 학습지도, 교육과정의 전반에 걸쳐 학습자 주도성의 필요성을 명시하고 있습니다.

학습자 주도성의 요소로는 목적의식, 실행력, 성찰, 책임감으로 나눌 수 있습니다. 목적의식은 학습과 성장, 진로 개척을 위한 원동력으로 스스로 목적의식을 분명하게 가져야 학습 목표 도달도가 높아집니다. 실행력은 학습의 목적을 달성하기 위해 시간과 노력을 들이고 어려움에 대해 극복하려는 의지를 말하며 학습에 대한 끈기와도 연결됩니다. 그리고 성찰은 학습의 결과를 통해 학습의 과정을 돌아보고 학생이 주도적으로 자신의 부족한 부분과 아는 부분을 구분할 수 있는 메타인지 능력을 말하며, 책임감은 자신의 행위와 역할을 인식하여 성장과 발전할 수 있는 계기가 됩니다.

## ② 학습자 주도성과 학생 주도 학습(Student-led Learning)의 연관성

학생 주도 학습은 학습자 주도성과 깊은 관련이 있으며, 이를 실현하기 위한 핵심적인 방식으로 주목받고 있습니다. 학생의 주도성이 효과적으로 발현되기 위해서는 교사 중심의 수동적인 수업이 아닌, 학생 스스로 학습을 계획하고 실행하는 구조가 필요합니다. 바로 이 점에서 학생 주도 학습의 필요성이 대두됩니다.

학생 주도 학습은 학습자가 스스로 학습의 방향, 방법, 속도를 결정함으로써 자기주도적 학습 역량을 기르는 데 큰 도움이 됩니다. 이는 단지 교과 지식을 습득하는 데 그치지 않고, 미래 사회가 요구하는 자율적이고 지속 가능한 학습 역량을 키우는 데 중요한 역할을 합니다. 또한, 학습자가 자신의 선택에 따라 학습에 참여하게 되면 학습에 대한 주인의식과 몰입도가 자연스럽게 높아지고, 이는 곧 학습의 질을 높이는 결과로 이어집니다. 더불어, 학생 주도 학습 과정에서 학생은 주어진 문제를 스스로 탐색하고 해결하려는 노력을 하게 되므로, 비판적 사고력과 문제해결 능력, 창의성이 발달하게 됩니다. 이는 고정된 지식보다 스스로 배우고 적용하는 능력이 중시되는 현대 사회에서 필수적인 역량입니다. 또한, 전통적인 교사 중심 수업은 학생 개개인의 흥미나 수준 차이를 충분히 반영하기 어렵다는 한계를 지닌 반면, 학생 주도 학습은 개별화된 학습이 가능하다는 장점을 가집니다. 결과적으로, 학생 주도 학습은 학습자 주도성을 키우는 실질적인 방안이며, 이를 통해 학생들은 더욱 의미 있고 지속 가능한 학습 경험을 할 수 있습니다. 따라서 미래 교육에서는 학생 주도 학습의 실현이 더욱 강조되어야 합니다.

## ③ 교사로서의 학생 주도 학습에 대한 철학과 실천 방향

교사에게 '진정한 교육'이란 단순히 지식을 전달하고 습득하는 과정이 아니라, 학생이 능동적인 학습자로서 스스로 탐구하고 성찰하는 과정이라고 생각합니다. 그래서 학생이 배움의 주체가 되어 성장할 수 있도록 교수학습과정을 설계 할 때, 자기 주도 학습 요소를 반영합니다. 또한 오늘날의 빠른 교육 환경의 변화에 적응할 수 있도록 다양한 에듀테크 도구들을 활용할 수 있도록 연구하여 교육 트렌드를 반영한 학습 환경을 구성하고 교사가 전달자가 아닌 '조력자', '학습의 동반자'의 역할이 될 수 있도록 노력합니다. 왜냐하면 학생의 자기 주도 학습은 학생 혼자만의 노력하는 것이 아닌 교사의 체계적인 지원과 학습 환경의 조성이 기반이 되어야 효과적으로 실현되기 때문입니다.

이러한 자기 주도 학습에 대한 교육적 철학을 바탕으로 실천 방향은 다음과 같습니다. 첫째, 학생이 자신의 학습을 설계할 수 있는 기회를 줍니다. 교사가 일방적으로 제시하는 것이 아닌 수업 내용과 관련된 자신의 학습 목표를 설정하고 학습 방법을 자신의 수준에 맞게 선택할 수 있도록 합니다, 특히 프로젝트 학습이나 탐구 학습을 활용해서 학생이 학습 문제를 재구성하고 끊임없이 친구들과 소통하여 스스로 해답을 찾을 수 있도록 수업을 구성하고자 합니다.

둘째, 평가 결과보다 환류에 초점을 두고 재학습을 실시합니다. 자기 주도 학습은 학습의 결과보다 학습 과정에서의 성장과 개선을 중시하기 때문에 평가의 결과를 통해 학습의 과정을 돌아보고 발전할 수 있도록 돕습니다. 교사의 피드백은 학생들의 자기 주도 학습 역량이 부족한 경우 학생이 자신을 성찰할 수 있는 씨앗이 된다고 생각하기 때문입니다.

셋째, 협력적 학습을 통해 사고 확장을 하도록 합니다. 자기주도 학습은 개별 학습 뿐만 아니라 협력 학습을 통해서 다양한 관점을 탐색하고 배움을 확장하는 것도 포함됩니다. 협력적인 문제 해결 과정을 통해 학생들이 열린 질문을 하고 소통하는 시간을 가지도록 하여 학습 내용을 재구성할 수 있도록 합니다.

마지막으로 디지털 도구를 활용하여 자기 주도 학습을 지원합니다, 디지털 기술을 활용하면 학생 개별 맞춤형 학습을 지원하는 데에 큰 도움이 됩니다. 디지털 학습 도구나 플랫폼은 학습의 결과물의 누적과 실시간 피드백, 수준에 맞는 학습 자료 구성 등에 있어서 강점이 있기 때문입니다.

## ④ 하이러닝을 통한 학생 주도 학습

하이러닝(Hi–Learning)은 인공지능 기술을 기반으로 학습자의 수준과 특성에 맞는 맞춤형 학습을 제공하는 디지털 플랫폼으로, 학생 주도 학습을 실현하는 데 매우 효과적인 도구입니다. 기존의 수업 방식은 교사가 정해준 내용과 진도에 따라 학생들이 수동적으로 따라가는 구조였기 때문에, 개별 학생의 흥미나 수준, 학습 속도를 반영하기 어려운 한계가 있었습니다. 하지만 하이러닝은 학생이 스스로 학습의 방향을 정하고, 필요한 자료를 선택하며, 학습 과정을 주도적으로 조절할 수 있도록 도와줍니다. 이런 점에서 하이러닝은 학습자 주도성을 키우는 데 큰 역할을 합니다.

무엇보다 하이러닝의 가장 큰 장점은 개인 맞춤형 학습 지원입니다. 인공지능이 학습자의 이전 학습 기록과 성취 수준을 분석하여 적절한 콘텐츠를 자동으로 추천해 주기 때문에, 학생은 자신의 수준과 관심에 맞는 자료로 학습할 수 있습니다. 이를 통해 학습자는 학습에 대한 흥미를 유지하고, 자신의 필요에 따라 학습을 조절하며, 자연스럽게 자기주도적인 학습 태도를 형성할 수 있게 됩니다.

또한 하이러닝은 실시간 피드백과 자기 점검 기능을 제공하여, 학생이 학습 중간중간 자신의 이해도를 확인하고 부족한 부분을 즉시 보완할 수 있도록 해줍니다. 기존에는 시험이나 과제 결과를 기다려야만 자신의 학습 상태를 알 수 있었던 반면, 하이러닝을 활용하면 학습 과정에서 바로 피드백을 받을 수 있어 더욱 효과적인 자기조절 학습이 가능합니다. 이는 학생이 스스로 문제를 인식하고 해결책을 찾는 능력을 기르는 데 큰 도움이 됩니다. 더 나아가, 하이러닝은 학습 목표 설정과 경로 설계 기능을 통해 학생이 자신의 학습을 스스로 계획하고 운영할 수 있는 기회를 제공합니다. 목표를 세우고, 그에 맞는 콘텐츠를 선택하며, 학습 진행 상황을 확인하고 조정해 나가는 일련의 과정은 학생에게 학습의 주체로서 책임감을 심어줍니다. 이러한 경험은 자기 주도성과 함께 학습에 대한 주인의식을 길러주는 데 매우 중요합니다. 기존의 일방적인 수업 방식과 비교했을 때, 하이러닝은 학습자 개개인의 다양성을 존중하고 자율성을 강화할 수 있는 환경을 제공합니다. 따라서 하이러닝을 활용한 학생 주도 학습은 단순한 지식 습득을 넘어, 학생이 능동적으로 사고하고 배우며 성장하는 진정한 의미의 학습 경험을 가능하게 합니다. 이러한 점에서 하이러닝은 미래 교육에서 중요한 역할을 하게 될 것입니다.

## 5 'HI 학생 주도 학습' 수업 사례 및 회고

학생들의 학생 주도 학습 활성화를 위해 하이러닝을 활용할 수 있습니다. 하이러닝에서 제공하는 서비스 중 '학생 주도 학습' 서비스는 여러 콘텐츠를 추천하고 제공하며 자기주도 학업 능력을 향상시킬 수 있도록 다양한 수업 도구를 제공합니다. 저는 이를 활용하여 다양한 수업에 적용해보았습니다.

### 1) 나눔 미술을 실천하여 작품 공유하기(미술)

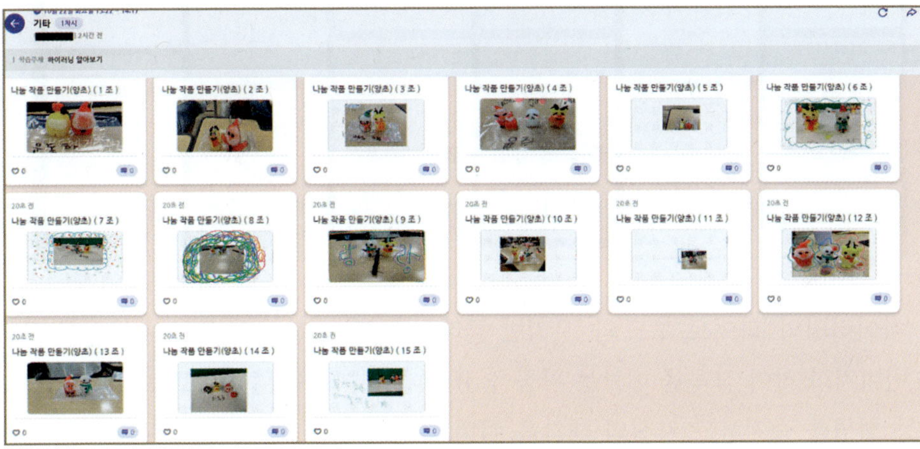

하이러닝의 '유튜브 자료 추가'와 '모둠' 기능을 활용하여 나눔 미술 작품을 제작하고 공유하는 수업을 했습니다. 기존의 미술 수업과는 다르게 교사가 반복적으로 작품에 대해 설명하지 않아도 유튜브 자료를 등록한 작품 제작 방법을 보고 학생들이 주도적으로 만들었습니다. 또한 '모둠'기능을 통해 각자의 작품을 기록으로 남기고 친구들과 소감을 발표해보는 활동을 통해 수업 성찰의 기회를 가질 수 있었습니다.

### 2) 내 마음을 음악으로 표현하기(음악)

하이러닝의 '화이트 보드'와 '우리반 클래스 보드' 기능을 활용하여 자신의 마음을 이미지화 하여 작곡을 해보는 활동을 했습니다. 학생들은 화이트 보드에 제시한 활동 설명을 숙지하고 자신의 생각을 이미지와 음악으로 재구성하는 활동을 통해 자기 표현 능력을 신장할 수 있었습니다.

### 3) 스스로 학습하는 안전 교육(창체)

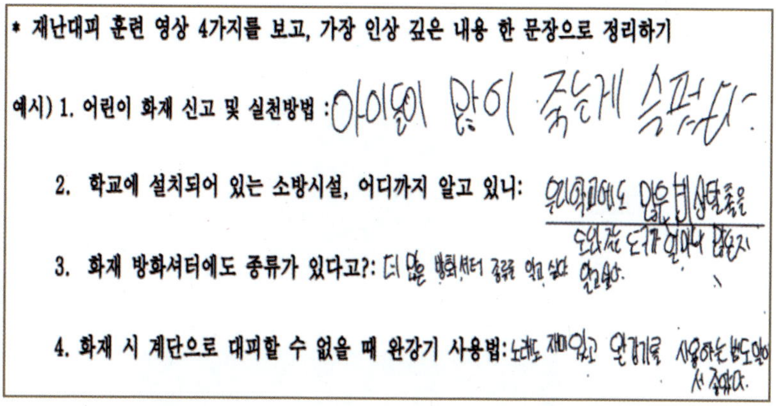


하이러닝의 '학습콘텐츠'와 '발표' 기능을 활용하여 형식적으로 하는 계기 교육이 아닌 스스로 안전 교육에 대한 의미를 생각하고 정리해보는 수업을 했습니다. 이를 통해 안전 교육의 필요성을 느끼고 학습의 내용을 자신만의 언어로 안전 교육의 키워드를 정리해보는 시간을 가졌습니다.

### 4) 우리반 연극 발표회 준비하기(국어)

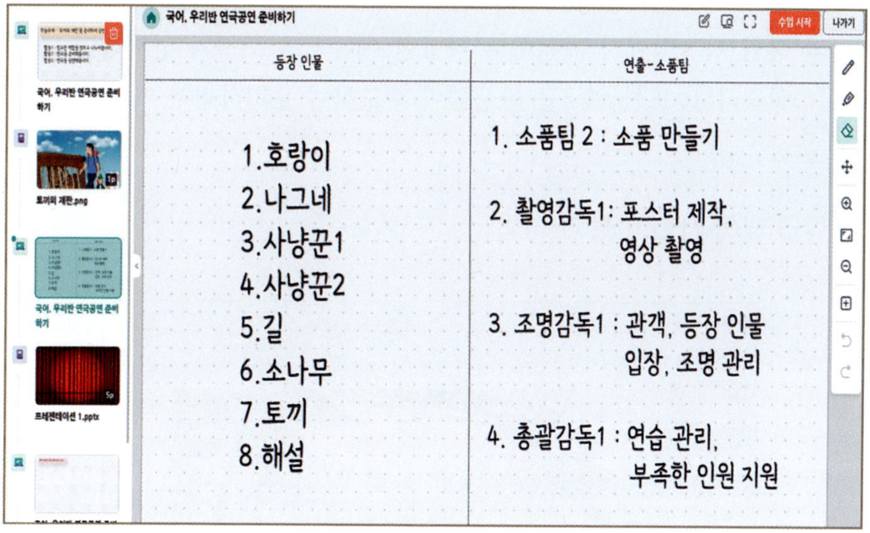

하이러닝의 '함께보기'와 '발표' 기능을 연극 발표회의 전반을 학생들과 함께 기획했습니다. 기존에 연극을 준비할 때 역할 분담이나 포스터 제작, 배경 제작 등을 학생들이 주도적으로 하게 하는데 어려움이 있었습니다. 하지만 하이러닝을 통해 학생들과 통합 학습창에서 기획하고 다양한 에듀테크 도구와 연계하여 제작하는데 수월하였습니다. 또한 연극을 학생들이 주도하여 준비하면서 더욱 참여도와 집중도가 높았습니다.

### 5) 학급 영어 사전 만들기(영어)

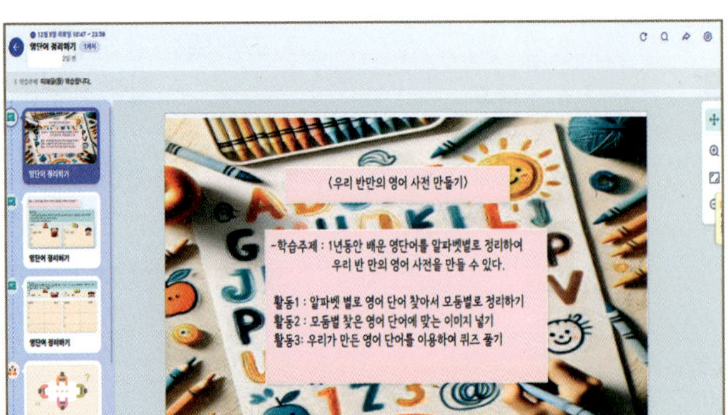

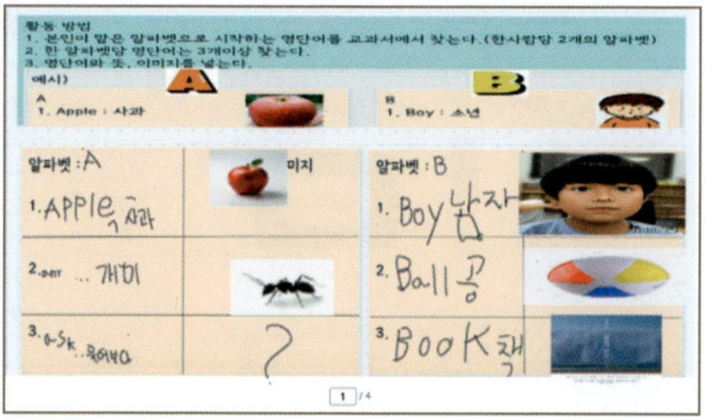

하이러닝의 '메모'와 '이미지 추가', '모둠' 기능을 활용하여 학생들이 직접 학급 영어 사전을 제작했습니다. 메모 기능을 활용해서 학습지를 간단하게 만들고 모둠에서 배포하면 학생들이 자신이 담당한 알파벳을 교과서에서 친구들과 함께 찾아서 이미지와 함께 기록했습니다. 이 활동으로 1년 동안 학급 영어 사전을 반복적으로 보면서 자신이 부족한 단어를 스스로 공부하여 영어 학습에 대한 흥미도와 자신감이 높아졌습니다.

### 7) 스스로 만든 수학 문제집 해결하기(수학)

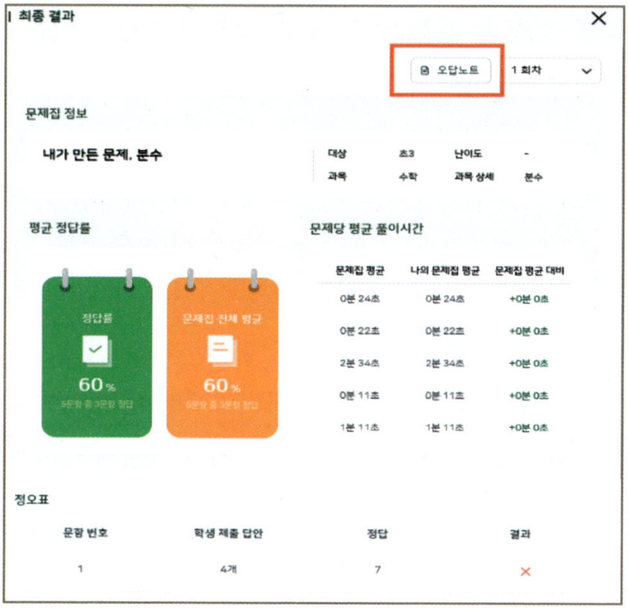

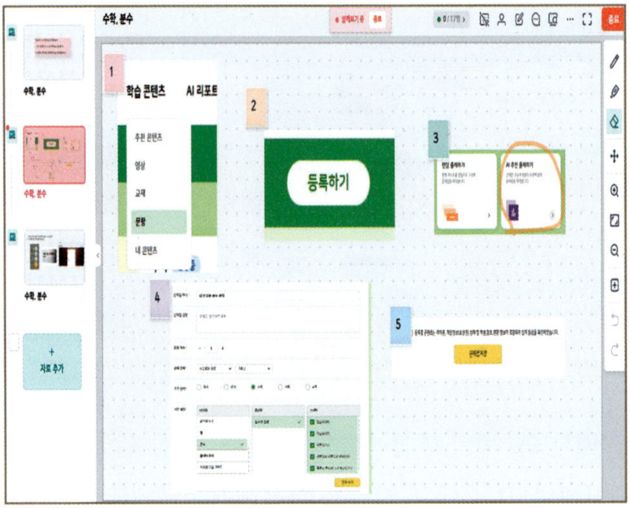


하이러닝의 'AI 추천 출제하기' 기능과 '오답노트' 기능을 활용해서 스스로 만든 수학 문제집으로 단원을 정리하는 수업을 했습니다. 만들어진 문제를 푸는 것에서 확장하여 스스로 자신의 수준에 맞게 문제를 출제하여 풀어보는 활동을 통해 학습 도달도를 확인할 수 있습니다. 이 활동을 통해 자신의 이해 정도를 객관적으로 확인하여 공부하는 습관을 가질 수 있는 계기가 되었습니다.

## * 하이러닝을 활용한 학생 주도 학습 수업에 대한 회고

### 하이러닝을 통해 학생 주도 학습을 실현하다

교육현장에서 학생의 자기 주도 학습을 실현하는 것은 결코 쉬운 일이 아니라고 생각합니다. 기존의 교실 환경에서는 한정된 시공간과 다양한 학습 수준을 고려해야 하기에 개별 맞춤형 지원을 제공하는 것이 쉽지 않았습니다. 그러나 하이러닝을 활용하면서 학생 주도 학습을 보다 효과적으로 구현할 수 있었고, 수업뿐 아니라 가정과 연계한 수업 시간 외 학습에도 도움을 줄 수 있다는 것을 깨달았습니다.

앞으로도 하이러닝의 다양한 기능을 활용하여 학생들의 자기주도 학습 역량을 키워줄 수 있는 수업을 연구하고 다른 선생님들과 공유하여 아이들에게 깊이 있는 수업과 깊이 있는 배움이 되도록 노력하고자 합니다.

이 책을 읽는 모든 분들께 저의 수업 경험이 하이러닝을 활용하는 데 도움이 되길 바랍니다!

# HI 삶과 연계된 수업

더 넓은 세상으로 향하는 문, 깊이 있는 수업

## ❶ 하이러닝과 삶과 연계된 수업

'삶과 연계된 수업'이란 깊이 있는 학습을 실행하기 위한 하나의 접근으로 학생들에게 단순히 지식을 전달하기보다 학생들이 자신의 실제 생활에서 질문을 품고, 이 문제를 해결하기 위해 사고와 탐구의 과정을 경험하며, 이를 해결한 후 다시 실생활에 적용시켜 배움에 깊이를 더하는 것을 의미합니다. 이 과정에서 학생들은 미래에 요구되는 자기 주도 학습 역량, 지식·정보 처리 역량, 자기관리 역량, 창의적 사고 역량 등을 함양할 수 있습니다. 필요에 따라서 공동 작업이 이루어진다면, 협력적 소통 역량과 공동체 역량도 향상시킬 수 있습니다.

삶과 연계된 수업에서는 맥락을 반영한 학습이 이루어지므로 교사와 학생의 주도성이 조화를 이루는 것이 중요합니다. 교사는 학생을 중심으로 수업을 설계하며 학력을 향상시키도록 노력해야 하고, 학생은 스스로 사고하며 자신의 성장을 주도할 수 있습니다. 깊이 있는 수업은 단순히 이론과 사실을 주입하는 학습에서 벗어나 학생이 실제 세계와 연결될 수 있으므로 학습 동기와 주도성이 높은 방식입니다. 학생들은 이러한 형태의 수업을 통해 자신의 학습이 현실 세계에서 어떻게 활용될 수 있는지 이해하게 됩니다. 교육은 삶이고, 삶이 곧 교육이기 때문입니다.

2022 개정 교육과정에서는 '깊이 있는 수업'에 대해 단편적 지식의 암기를 지양하고 각 교과목의 핵심 아이디어를 중심으로 지식·이해, 과정·기능, 가치·태도의 내용 요소를 유기적으로 연계하며 학생의 발달 단계에 따라 학습 경험의 폭과 깊이를 확장할 수 있도록 수업을 설계할 것을 명시하고 있습니다. 또한 교과 교육에서 깊이 있는 학습을 통해 역량을 함양할 수 있도록 교과 간 연계와 통합, 학생의 삶과 연계된 학습, 학습에 대한 성찰 등을 강화할 것도 포함하고 있습니다.

경기도교육청의 '초등 깊이 있는 수업 프레임워크'에서는 깊이 있는 수업을 다음과 같이 4가지로 정의하고 있습니다.

첫째, 학생들이 학교 교육과정을 통해 깊이 있는 학습을 경험할 수 있도록 설계된 수업

둘째, 학생과 교사 주도성을 바탕으로 질문과 탐구과정을 통해 삶의 맥락에서 문제를 해결하는 경험을 제공하는 수업

셋째, 학생이 개념 이해를 바탕으로 삶의 맥락을 반영한 문제를 해결하는 학습을 강조하는 수업으로서, 학생과 교사 주도성이 조화를 이루어 비판적 사고 및 문제해결역량 등 미래 역량을 향상시키는 데 중점을 두는 수업(경기도교육연구원, 2023)

넷째, 학습자와 탐구와 사고를 통해 학습 내용을 자신의 것으로 만들고, 이를 바탕으로 새로운 상황에 적용할 수 있도록 소수의 핵심 내용을 깊이 있게 학습하는 수업(온정덕, 2021)

다시 말해, 깊이 있는 수업이란 단순히 심화된 수준의 학습 요소를 장기간 학습하는 것에서 그치는 것이 아니라는 것입니다.

이처럼, 삶과 연계된 수업과 깊이 있는 수업은 불가분의 관계에 있습니다. 깊이 있는 수업에서 질문하며 탐구하는 과정이 하나의 갈래라면, 나머지 갈래는 삶과의 연계인 것입니다. 이러한 수업을 하이러닝을 통해 실현할 수 있습니다.

## ❷ 오늘날과 하이러닝

현재는 2025년. 바야흐로 4차 산업혁명의 시대로 AI와 함께 공존하고 있습니다. 지식이 넘쳐나기도, 없어지기도, 수정되기도, 때로는 무너지기도 합니다. 따라서 미래 사회를 살아갈 학생들 올바른 방향으로 길러내기 위해서는 지식을 초월하는 교육이 현 시점에서 반드시 필요합니다. 이러한 움직임의 일환으로 2022 개정 교육과정도 '개념'을 기반으로 설계되었고, IB와 같은 교육과정이 트렌드로 떠오르고 있습니다. 낱낱 사실들의 집합보다는 이를 일반화한 사고의 도식이 유용하다는 것입니다. 이러한 관점에서 하이러닝을 엮어 더 유의미한 수업을 실천할 수 있습니다.

## ③ 하이러닝의 가치와 기능

하루가 다르게 빨리 변화하는 교육 현장에서도 교사와 학생 모두 효율적이고 깊이 있는 수업을 경험할 수 있는 다양한 도구와 방법을 필요로 하고 있습니다. 통합 교수·학습 플랫폼 하이러닝은 학생들에게 깊이 있는 수업을 제공할 수 있는 강력한 도구입니다. 하이러닝은 1명의 교사가 1차시의 수업에서 모든 학생들의 전 학습 과정을 완벽하게 파악하기에는 현실적으로 어렵다는 한계를 극복할 수 있도록 조력합니다. 학생들이 학습하고 활동한 내용이 고스란히 하이러닝에 데이터로 쌓이게 되고, 교사는 이를 모니터링하며 피드백할 수 있습니다. 기술의 도움을 받아 기존보다 나은 수업 환경을 만들 수 있는 것입니다. 이러한 수업 중과 후에 얻은 정보를 바탕으로 다음 수업을 개선하기 위한 방향을 설정할 수도 있습니다.

하이러닝을 활용하면 학습의 질을 높여 학생들의 능동적인 참여를 유도할 수 있습니다. AI 기반으로 운영되어 학생 개인별 맞춤형 수업이 진행되기 때문입니다. 아울러, 하이러닝은 학습으로서의 평가가 가능한 플랫폼이므로 텍스트, 이미지, 오디오, 영상 등 다양한 멀티미디어 자료 공유가 용이합니다. 여기에 교사의 실시간 피드백으로 더 효과적인 교수 학습을 지원하는 미래 지향적인 수업이 가능합니다. 협력적 소통 역량을 키우기에 최적화되어있는 모둠수업 기능에서도 하이러닝이 궁극적으로 추구하는 가치가 무엇인지를 엿볼 수 있습니다.

개념 기반 탐구 학습의 단계인 '관계 맺기 - 집중하기 - 조사하기 - 조직 및 정리하기 - 일반화하기 - 전이하기 (- 성찰하기)' 모든 과정에서 기능들을 적절하게 활용될 수 있습니다. 하이러닝의 웹URL 기능을 활용해 조사하기가 가능하고, 화이트보드와 교재를 통해 조직 및 정리하기와 일반화하기를 진행할 수 있습니다. 또한 여러 영상을 통해 전이도 기대할 수 있습니다.

## ④ 하이러닝 적용 수기

이해를 돕기 위해 수업 사례를 공유해보겠습니다. 초등학교 3-4학년군 사회과의 지리인식 영역에서 지도의 요소에 대해 학습할 때, 학습내용인 지도의 요소가 포함된 <우리 학교 보물 지도>를 제시하면 학생들이 생활 속에서 이를 해결하기 위해 방위표, 등고선, 기호와 범례, 축척 등을 스스로 학습하도록 이끌어낼 수 있을 것입니다. '지도를 비롯한 다양한 공간자료와 도구를 통한 지리 정보 수집은, 장소와 지역의 여러 현상과 사건을 분석하고 해석하며 추론하는 데 필수적'이라는 핵심 아이디어를 학습하게 되는 것입니다. 시민성을 함양한 학생들은 이처럼 사유하고 탐구하며 학습한 경험을 발판으로 삼아 유사하지만 다른 상황에서도 학습한 내용으로 새로운 전이가 일어날 수 있습니다. 비로소 새로운 시각을 지닐 새로운 눈이 생기는 것이고, 이는 더 넓은 세상으로 향할 수 있도록 돕는 것입니다.

위와 같은 수업 사례에서 하이러닝의 다양한 기능들을 효과적으로 활용할 수 있습니다. 교사는 온라인 칠판 역할을 하는 화이트보드에 <우리 학교 보물 지도>를 보여줄 수 있습니다. 학생들은 찢어지거나 구겨지지 않는 지도를 가지고 다닐 수 있습니다. 모둠별로 공동 작업이 필요한 경우에는 모둠수업 기능을 활용할 수 있습니다. 모둠별로 공유되는 문서로 협동 작업이 가능합니다. 온라인으로 연결되어 상호 간의 필기가 동시에 보이게 되므로 모둠수업 기능도 유용합니다. 이 모든 과정을 교사는 모니터링 가능하므로 학생들의 협업과정을 실시간으로 안내하며 지원하고 보조할 수 있습니다.

수업 후에는 과제로 우리 동네 지도를 그려 우리반 클래스보드에 제출하게 하면 친구들과 서로의 지도를 공유하며 확인할 수도 있습니다. 클래스보드 내 댓글 기능을 활용해 동료 평가도 실시할 수 있습니다. 게시판을 활용해 해당 수업에 대해 소통하고, 설문을 통해 자기 평가를 실시할 수도 있습니다.

하이러닝의 디지털 학습 도구가 가진 다양한 기능과 맞춤형 학습 지원은 학생들에게 새로운 형태의 학습 환경을 열어주며 학생 중심의 수업을 만들어 학생들을 더 넓은 세상으로 이끌 수 있습니다. 비로소 학생들은 이 창문을 통해 새로운 눈과 귀와 마음을 지니게 될 것입니다.

# HI 역량중심 교육

사회정서적 지원을 통한 관계 중심 학습

## 1 관련 이론

### 1) High Touch High Tech: HTHT

아시아 교육협회에서 발표한 하이터치 하이테크 교육(HTHT)은 교사와 기술 간 최적의 역할 분담을 통해 학생의 4차 산업혁명 시대에 필요한 미래 역량을 키워주는 교육 모델입니다. 디지털 기술을 인간의 '대체 수단'이 아닌, 인간의 능력을 확장하고 개선해 주는 '도구'로 활용해 학생들의 성장을 지원하는 것을 목적으로 합니다.

'하이테크'는 빅데이터, 가상현실 등의 디지털 기술을 활용한 첨단 에듀테크, 그리고 인공지능의 힘을 활용하는 적응형 학습 기술을 말합니다.

'하이터치'는 교사를 말합니다. 교사와 학생 간의 인간적인 상호작용을 강조하는 것으로, 학생 개개인의 감정과 학습 동기, 사회적 요구를 이해하고 이를 바탕으로 개별화된 피드백과 정서적 지원을 제공합니다.

하이테크의 발전으로 교사들의 역할은 지식 전달자를 넘어 학생의 학습을 관리하는 학습 디자이너, 그리고 사회·정서적 지도자로까지 확대되고 있습니다.

### 2) 사회정서학습(SEL)과 핵심역량

OECD에서는 사회·정서적 역량을 자신의 감정을 인식하고 관리하며, 다른 사람들과 효과적으로 상호작용할 수 있는 능력으로 정의하고 있습니다. 즉, 자신과 타인의 정서에 대한 올바른 인식과 이해를 바탕으로 적절한 방식으로 감정을 조절하여 상황에 맞게 표현하고, 다른 사람들과 긍정적인 관계를 형성하여 다양한 주변 환경에 적절하게 대처할 수 있도록 하는 것을 말합니다.

사회·정서적 학습을 위한 5가지 핵심 역량은 다음과 같습니다.

- **자기 인식:** 자신의 감정, 생각, 가치를 이해하고 인식하는 능력
- **자기 관리:** 감정, 생각, 가치, 행동을 효과적으로 조절하며, 목표를 설정하고 달성하는 능력
- **사회적 인식:** 다른 사람의 감정을 이해하고 공감하며, 다양한 사회적 맥락을 인식하는 능력
- **관계 기술:** 긍정적인 관계를 형성하고 유지하며, 갈등을 해결하는 능력
- **책임 있는 의사결정:** 다양한 상황 속에서 개인의 행동과 사회적 상호작용을 고려해 윤리적이고 안전한 선택을 하는 능력

디지털 내러티브 시대를 살아가는 학생들의 사회·정서적 역량 함양의 필요성은 더욱 중요한 문제로 다가오고 있습니다. 온라인에서의 소통 증가와 텍스트 속 감정 이해 능력 부재, 디지털 중독, 주의력 분산, AI 기술 발전으로 암기식 학습보다 중요해진 협업 능력과 자기주도성 등 시대적 변화에 따라 학생들이 미래사회를 이끌어 나갈 수 있는 힘을 길러줄 수 있도록 교육도 함께 변화해야 합니다.

## 2 교사의 철학과 실현 방향

'주변과 함께 생활하는 방법을 알고, 주체적으로 살아갈 수 있는 힘 기르기'라는 큰 목표를 가지고 학급을 운영하고 있습니다. 서로 어울리고 협력하며 자신을 나타내는 작은 공동체인 학급 안에서 학생들이 주체가 되어 함께 배우는 교실을 만들기 위해 노력하고 있습니다.

### 1) 학생이 주체가 되는 학급 운영

학생들이 주체적으로 학급을 운영하는 경험을 통해 학생들의 자율성과 그에 따른 책임감을 길러주었습니다. 하루를 시작하기 전 아침 시간 중 특정 시간을 정해 학생들과 함께 하루 일과 계획을 나누고 조정합니다. 학급 내에서 중요한 결정을 내릴 때 시간이 다소 소요되더라도 학생들과 함께 토론하고 조율하는 시간을 가졌습니다.

### 2) 주도적인 학습 형성

수업 중 학생의 질문에 관련 질문을 꼬리를 물어 수업에 활용하여 학생들의 생

각에서 발전하는 수업 만들기, 배움공책과 오답노트를 활용한 스스로 학습을 확인하고 관리하는 습관 만들기, 플래너 작성을 통한 해야 할 일 관리하기 활동을 진행했습니다. 학생들이 스스로 배움을 주체적으로 계획하고 실행할 수 있는 환경을 만들었습니다.

### 3) 함께 사는 방법을 배우는 공동체 활동

존중을 기반으로 한 서로 입장 이해와 갈등 해결 방법 익히기, 공동체 놀이와 학급 회의를 통해 우리반 공동체의 소중함을 알고 공동체 안에서 함께 생활하는 법을 배웁니다. 학급이라는 작은 사회 공동체 안에서 나와 다른 친구와 관계를 맺는 방법을 알고, '함께' 라는 가치를 소중히 여기도록 했습니다.

미래 사회에서는 스스로 사고하는 힘을 바탕으로 다양한 사람들과 소통하고 협동하는 능력, 책임감을 가지고 주체적으로 살아가는 능력이 더욱 중요해질 것입니다. 이에 학생 스스로 자신의 삶을 주도하고, 학급 내에서 함께 소통하며 살아가는 힘을 기를 수 있는 학급을 운영하기 위한 다양한 활동을 시도하고 있습니다.

## ❸ '하이러닝' 하이테크를 통해 실현하는 사회·정서적 역량 함양의 하이터치

하이러닝의 기능을 활용해 사회·정서적 역량을 함양할 수 있는 방안은 다음과 같습니다.

### 1) 자기 인식 역량

– 기분을 표현하고 기분 변화 확인하기
– 프로필 캐릭터 변경을 통한 자기 이해하기
– 수업 중 메모, 클래스보드에 남겨진 학습기록 확인하기

### 2) 자기 관리 역량

– 하이러닝 게시판에서 하루 일과 계획과 주어진 해야 할 일 확인하기
– 활동 내용이 기록되는 기능을 통한 학습 내용 정리 및 복습하기
– 문제 풀이 및 오답노트 만들기

– AI 맞춤형 학습을 통한 부족한 부분 인식하고 보충하기
– 모니터링 기능을 활용한 학생 화면 관리하기

### 3) 사회적 인식 역량

– 교사의 실시간 피드백을 통한 수업 참여 이끌기
– 이미지를 화면에서 자유롭게 움직이며 만드는 역할극하기

### 4) 관계 기술 역량

– 편리한 모둠 만들기 기능을 통한 다양한 친구들과 관계 맺기
– 교사와 학생 간 자유로운 교류(질문 기능)
– 하이러닝 '비공개' 비밀 상담소 운영하기

### 5) 책임 있는 의사결정 역량

– 하이러닝을 활용한 프로젝트 수업하기
– 학기 초 활동, 학급 세우기 활동을 통한 학급 만들기

디지털 사회로 빠르게 변화하는 시대일수록 변하지 않는 가치들의 힘은 더욱 커집니다. 사회정서적 역량은 복잡한 정보와 빠른 변화 속에서도 학생들이 올바른 판단을 내리고 따뜻한 관계를 이어갈 수 있도록 돕는 삶을 이끄는 토대가 됩니다.

하이러닝은 단순한 디지털 도구를 넘어, 이러한 사회정서적 역량을 길러주는 소통과 성장의 장으로 기능합니다. 기술과 사람이 만나는 접점에서, 교육의 방향성을 함께 만들어가는 플랫폼입니다.

## ❹ 교사 활용 수기

디지털 활용 수업에 있어 하이러닝은 신선한 플랫폼이었습니다. 학생들의 전반적인 학습 상황을 파악할 수 있는 '홈 화면', 수업 중 학생들에게 교사와 동일한 화면을 보여주며 수업내용을 계속 수정할 수 있는 '통합학습창', 그리고 '수업한 내용이 자동으로 저장되고 학생들이 자료를 올릴 수 있는 '클래스보드'까지, 수업이 자동으로 기록되고 수업이 끝난 후 학생들의 활동을 찬찬히 다시 확인하며 놓친 부분

이 있는지 확인할 수 있었습니다.

초등학교 3학년을 대상으로 처음 하이러닝을 활용해보았습니다. 디지털 기기를 활용해야 하는 하이러닝 특성 상 학생들의 디지털 활용 능력을 아예 배제할 순 없었습니다. 더불어 디지털 세대를 살아가는 학생들에게 디지털을 도구로서 활용한 유용한 수업을 통해 성장할 수 있는 경험을 제공하는 것도 중요하다는 생각이 들었습니다.

학생들의 디지털 활용 역량 차이는 생각했던 것보다 컸습니다. 어릴 때부터 디지털 기기에 익숙했던 학생들은 컴퓨터 자판을 활용하거나 화면을 조작하는 것에 거리낌이 없었으나 디지털 기기가 생소한 학생들은 로그인 버튼 하나를 누르는 것조차 조심스러워했습니다.

앞으로 학생들이 살아갈 세상은 디지털이 사용되지 않는 곳을 찾기가 더욱 어려워질 것입니다. 그 속에서 학생들 간의 디지털 능력 격차를 줄이고, 디지털 도구 활용법을 익힐 수 있는 환경 그리고 이를 활용해 학생들이 학습목표에 도달할 수 있는 유의미한 수업을 구성하는 교사의 역할이 더욱 중요해질 것이라고 생각합니다.

그렇다고 디지털을 활용한 수업만을 강조하는 것은 아닙니다.

연필을 쥐고 올바르게 글씨를 쓰는 방법을 익히는 것이라면 종이에 글씨를 써보는 연습이 꼭 필요하겠지요.

학생들의 자료를 보관할 물리적 공간이 부족할 때 저장해둘 공간이 필요하다면 태블릿에 글씨를 쓰거나 사진을 찍어 파일 형태로 보관하는 것도 좋은 방법일 것입니다.

이처럼, 두 방법 모두 장단점이 있습니다.

물성의 것을 중요시하면서 디지털도 함께 어우러져 나가며, 학생들의 성장을 지원할 수 있는 활동의 성격과 방법에 따라 디지털과 아날로그의 적절한 균형을 맞추어 학급을 이끌어나가보는 것은 어떨지 조심스레 제안드려 봅니다.

### 1) 하이러닝을 활용한 하루 루틴 만들기

하이러닝을 활용하여 저희 반에서 활용했던 루틴입니다.

아침활동 시간에는, 하이러닝 게시판으로 오늘의 활동을 확인하고 기분을 표시합니다.

활동 확인 후 해당하는 오늘의 과제를 수행합니다. (ex. 매일 5문항 문제집 풀기 p.182 참고)

미리 확인한 오늘의 활동 내용을 바탕으로 1교시 수업 시작 5분 전 하루의 일정을 함께 계획하고 조정합니다.

하이러닝을 활용하는 수업 시간 전 쉬는 시간에는 태블릿을 준비하고 로그인하여 해당 차시에 해당하는 수업을 찾아 입장하도록 합니다. 이때 지난 차시 내용을 복습할 수 있는 내용을 미리 하이러닝 상의 수업자료에 띄워두어 원하는 학생들이 복습할 수 있는 환경을 만들어 둡니다.

수업 시간에는 학생 발표 기능, 모둠 발표 기능, 모니터링 기능 등 여러 도구를 활용하여 효율적인 수업 운영을 진행합니다. 더불어 질문하기 기능으로 학생들과 수업 중 소통하고, 메모하기 기능으로 수업 중 특정 상황이나 발표 상황을 따로 기록해 둡니다.

점심시간에는 각자 태블릿으로 하지 못했던 활동을 마무리할 수 있도록 하고, 수업 후 해당 클래스보드에 들어가 수업 내용을 복습합니다.

종례시간에는 알림장 작성 후 게시판에 알림장 내용을 게시합니다.

### 2) 하이러닝 내 문항 활용하기

학생들은 하이러닝 상에서 문제를 푼 후 하이러닝의 피드백 기능을 활용해 학습을 스스로 점검하고 관리할 수 있습니다. 평균 정답률과 문제당 평균 풀이시간을 확인하여 자신의 수준을 스스로 파악할 수 있으며, 각 문항 별로 푼 문제의 정답 여부 및 해설과 분석결과(걸린 시간, 다른 친구들의 답 분포)를 확인할 수 있습니다.

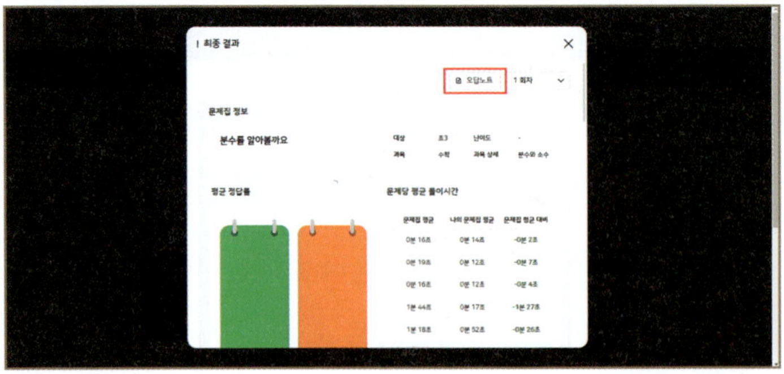

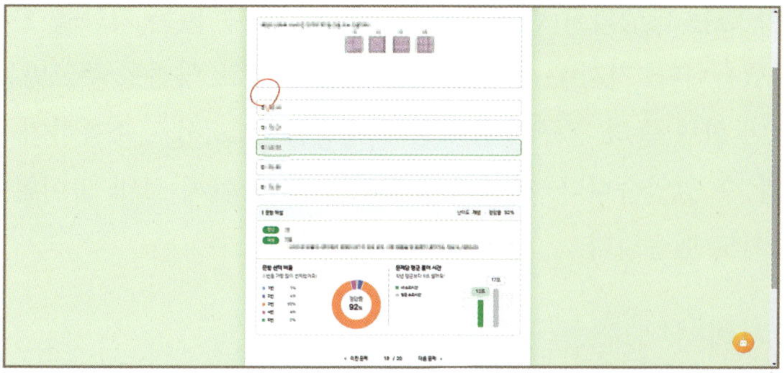

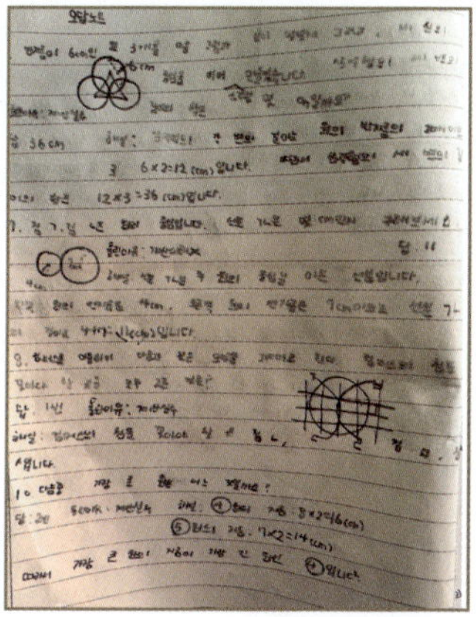

이를 활용해 평소 사용하던 배움공책에 <문제, 틀린 이유, 다시 푼 풀이, 답> 순서로 틀린 문제를 오답 노트로 정리할 수 있도록 했습니다.

학생들은 문제를 푼 후 긴 채점 줄을 기다리지 않고 구체적이고 즉각적인 하이러닝 피드백으로 학습을 점검할 수 있었습니다.

또한 교사는 정해진 수업 시간에 채점을 하고 학생의 답을 확인하는 시간보다, 학생의 일대일 피드백에 더 많은 시간을 쏟을 수 있었습니다.

먼저 끝난 학생들은 자신의 속도에 맞게 하이러닝 상의 AI 문제 출제 기능을 활용하여 남은 수업 시간을 더욱 알차게 보냈습니다.

### 3) 협력하는 수업 구성

멀리 앉아 있는 학생과도 한 모둠이 되어 소통할 수 있는 기능을 활용한 활동을 진행하기도 했습니다. 가까운 거리에 있는 학생과 말로 의견을 주고받는 것에 익숙했던 학생들이 화면 속의 친구의 움직임에 관심을 갖고 서로 소통하기 위해 노력하는 모습을 볼 수 있었습니다. 더불어 동일한 화면을 함께 보며 놀이활동을 하거나 역할극을 하기도 했습니다.

### 4) 수업 사례

수업 전과 후에 배운 내용을 복습하며 자신의 이해 정도를 관리하고,

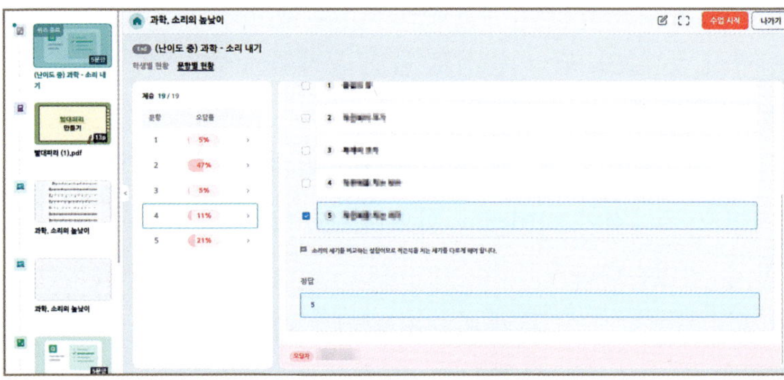


수업 전 이전 차시 복습

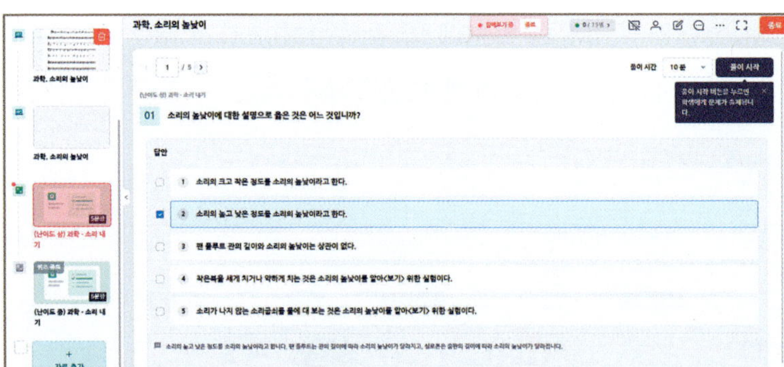


수업 후 해당 차시 복습

제시된 수업자료에서 교재를 자유롭게 이동하면서 자신의 속도에 맞게 주도적으로 학습에 참여하며,

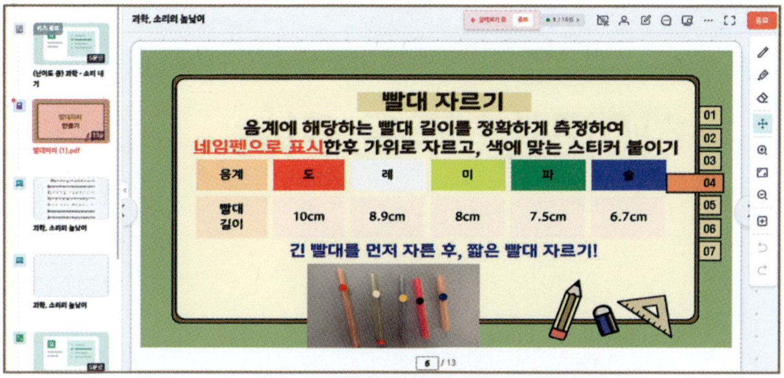


교사가 게시한 pdf 교재 자료

자신의 속도로 활동하는 학생 모습

수업 중에도 교사와 소통할 수 있는 질문 기능을 활용해 교류하고,
자신이 도전할 수 있는 문항을 선택해 도전한 결과를 기록하고 점검하기까지,

하이러닝을 통해 학생의 사회·정서적 역량 함양을 위한 다양한 활동을 진행할 수 있었습니다.

# 3 하이러닝 주요 기능

| 하이러닝 준비 | | |
|---|---|---|
| **단계** | **내용** | **기능** |
| **초기 설정** | 회원 가입 | 관리자/ 교사 회원 가입 |
| | 계정 관리 기능 | 권한 승인 및 부여/학생 관리 |
| | 로그인 | 교사/학생 및 학부모 로그인 |
| **학급 관리** | 학급 구성 | 나의 교실-학생 등록/배정 |
| | 수업 준비 | 나의 수업-과목 개설 |
| **학급 경영** | 나의 기분 날씨 | 기분 날씨 조정 |
| | 칭찬 스티커 활용 | 포인트 획득 방법 |
| | 나만의 프로필 | 프로필 전환 |

| 교수 학습 설계: 스마트한 수업 준비하기 | | |
|---|---|---|
| **단계** | **내용** | **기능** |
| **수업 설계** | 수업 운영 형태 | 등교/화상/영상 수업 |
| | 과목-단원 준비 | 개설된 과목-단원 입력 |
| | 차시 수업 준비 | 수업 시간/학습 주제 설정 |
| **자료 준비** | • 교사 제시 교재<br>• 학생 참여용 교재<br>• 온라인 칠판 활용<br>• 영상 자료 제시<br>• 외부 연계 | • 수업 교재 추가<br>• 화이트보드<br>• 문제풀이<br>• 유튜브 자료 추가<br>• 웹URL 추가 |
| **진단, 평가 계획** | 평가 준비 | • 문제집<br>• AI 학습진단 |

<table>
<tr><th colspan="3">교수 학습 실행: 학생 중심의 수업 운영하기</th></tr>
<tr><th>단계</th><th>내용</th><th>기능</th></tr>
<tr><td>수업 준비</td><td>수업 중 수업 설계</td><td>자료추가</td></tr>
<tr><td rowspan="3">수업 중</td><td>학생 참여 활동</td><td>• 모둠/발표 수업<br>• 발표시키기</td></tr>
<tr><td>학습 상황 파악</td><td>새탭열기, 질문하기</td></tr>
<tr><td>교사 주도 설명</td><td>함께보기</td></tr>
<tr><td rowspan="2">평가·피드백</td><td rowspan="2">과정중심평가 및 환류</td><td>• 문제풀이<br>• AI논술형평가</td></tr>
<tr><td>모니터링, 발표하기</td></tr>
</table>

<table>
<tr><th colspan="3">교수·학습 환류: 지속적인 학습 성장 지원하기</th></tr>
<tr><th>단계</th><th>내용</th><th>기능</th></tr>
<tr><td rowspan="2">보충·심화 학습</td><td>추가과제</td><td>과제제출</td></tr>
<tr><td>추가학습</td><td>• 문제풀이<br>• 오답노트</td></tr>
<tr><td>다시보기</td><td>• 포트폴리오<br>• 누가적 기록</td><td>• 클래스보드-나의 수업 리스트<br>• 클래스보드-우리반 클래스보드</td></tr>
<tr><td rowspan="2">성찰</td><td>수업 피드백</td><td>게시판</td></tr>
<tr><td>의견 수렴</td><td>설문</td></tr>
</table>

# <하이러닝 준비> '초기 설정'

하이러닝을 활용한 교수 학습을 설계하기 전에 이루어져야 하는 가장 기초적인 초기 설정 단계가 있습니다. 단계별, 대상별로 설명하도록 하겠습니다.

## 1 회원가입

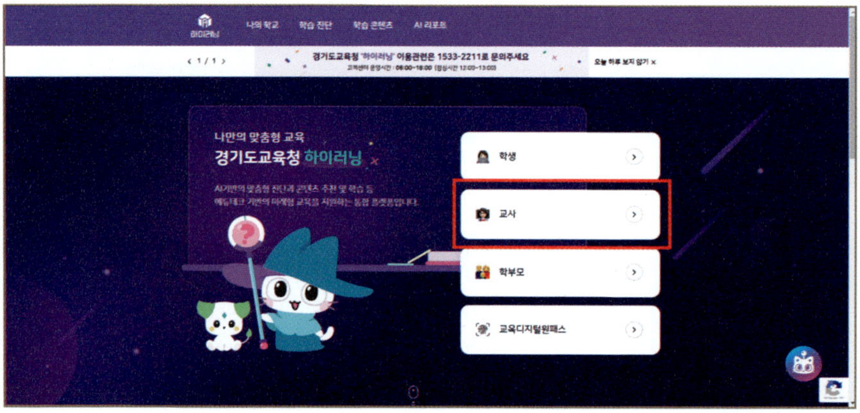


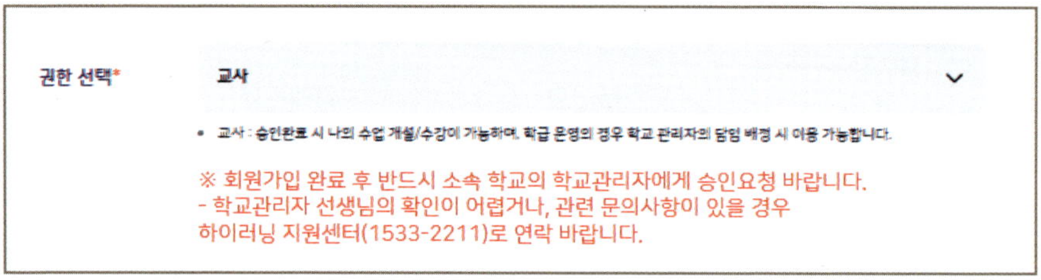


'회원가입'은 관리자 → 교사 → 학생 및 학부모 순서로 이루어져야 하며, 관리자는공문을 바탕으로 신청한 후 교육청에서 승인을 받아 가입이 완료되며, 각 학급의 권한 승인을 담당 및 관리합니다.

교사는 회원가입 이후 학교 관리자를 통해 승인을 받아 학생 및 학부모를 등록하여 계정을 만들 수 있습니다.

**Hi TIP**

교사는 학교 관리자에게 요청하여 학교 관리자 권한을 부여 받으면 학생 일괄 등록 및 전담 교사 배정을 할 수 있어 학급 경영에 도움이 됩니다.

## ② 계정 관리(학교 관리자)

### 권한 승인 및 관리하기

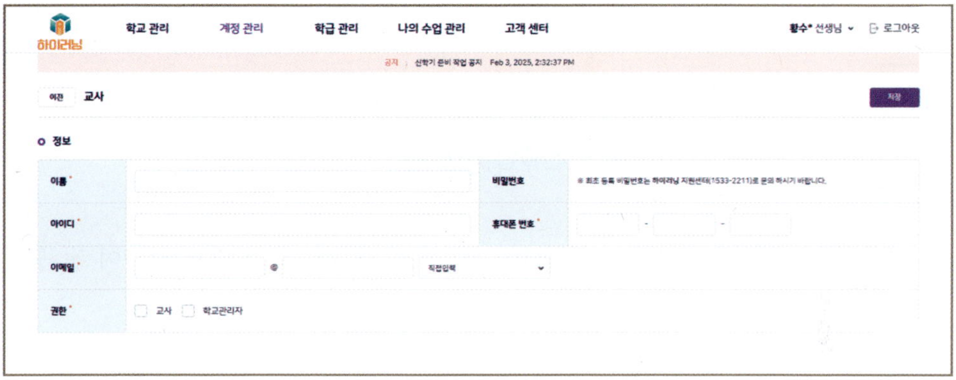


교사

학교 관리자

회원 가입한 각 교사 계정을 승인하고 권한을 부여할 수 있습니다.

### 학생 등록 및 전출입 관리하기

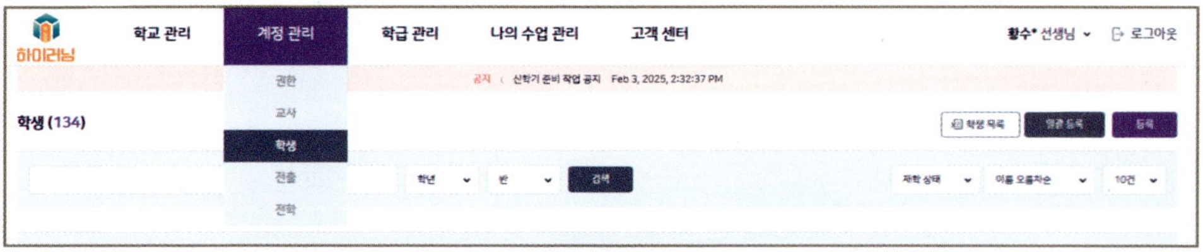


학생 등록

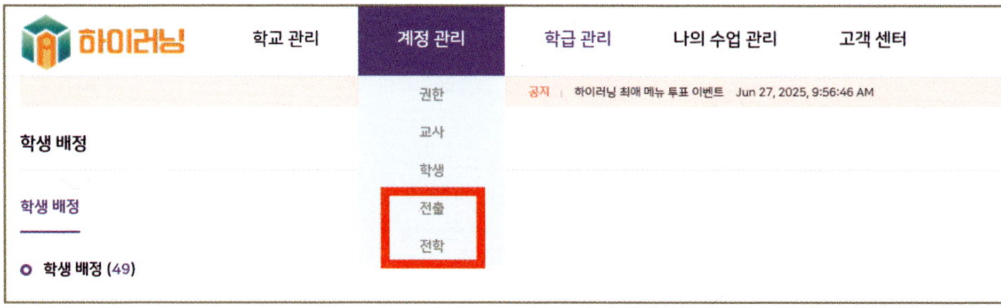


전출입 학생 관리

학생 명단을 일괄 등록할 수 있으며 전출입 학생들을 추가 및 삭제하여 전체 학생 관리가 가능합니다.

**Hi TIP**

학교 관리자는 각 학급 및 학년별 하이러닝 담당 교사를 지정하여 학교 관리자 권한을 부여하면 계정 관리하는 데 용이합니다.

## ❸ 로그인

교사

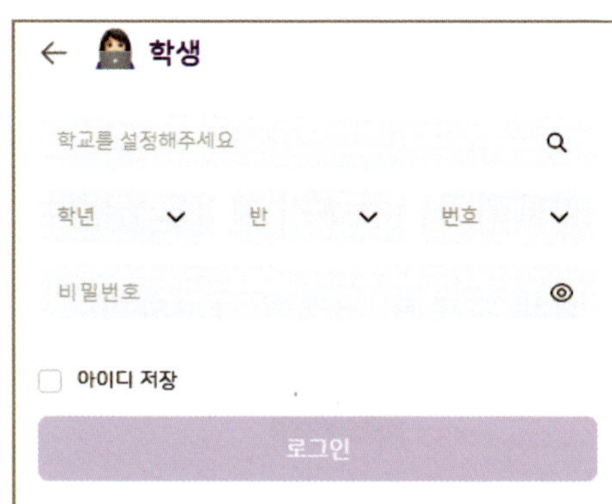


학생

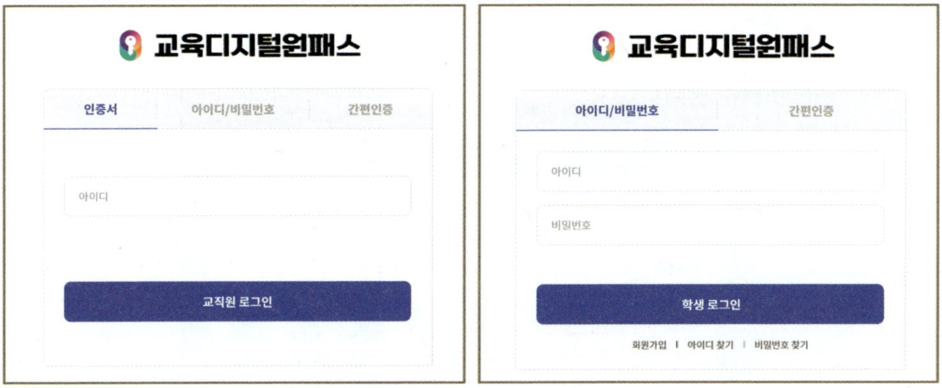


교육디지털 원패스

'로그인'은 교사의 경우 아이디와 비밀번호를 입력하고 학생 및 학부모의 경우는 학년 – 반 – 번호와 초기 비밀번호(혹은 학급 비밀번호)를 입력하여 입장합니다.

**Hi TIP**

1. 교사는 디지털 원패스 기능, 학생은 웹사이트 자동저장 기능을 활용하면 로그인 할 때 편리하게 할 수 있습니다.(학생의 경우는 학부모의 동의를 얻어야 하는 과정이 필요하므로 이 점이 번거로우신 분들의 경우 자동저장 기능을 활용하시길 추천드립니다.)
2. 비밀번호는 학생들과 함께 학급에서 정하셔서 모두 통일하는 것이 학생 로그인 시에 기억하기에 편합니다.(다른 비밀번호를 사용하는 경우 알림장에 적어 기억하기, 라벨스티커로 인쇄해 학생테블릿에 붙이기, 학생 테블릿 메모장에 저장해두기, 교사의 엑셀파일에 정리해두기 등 방법을 활용할 수 있습니다.)

## <하이러닝 준비> '학급 관리'

하이러닝의 초기 설정 이후, 교사는 학생을 등록하고 배정하여 나의 교실을 구성합니다. 나의 학급을 구성한 후, 운영 교과 및 학습 운영 현황에 맞게 과목을 개설합니다.

## ❶ 학급 만들기

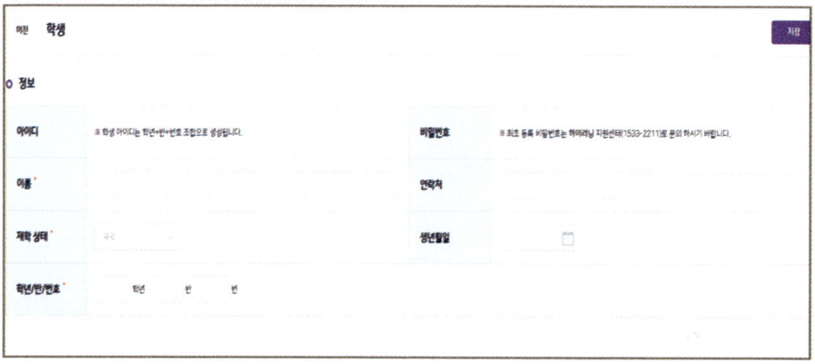


'나의 학교'－＞'나의 교실'－＞'우리반 학생 관리 기능'을 활용하여 학생을 등록하여 나의 학급을 구성합니다.

## ❷ 수업 준비하기

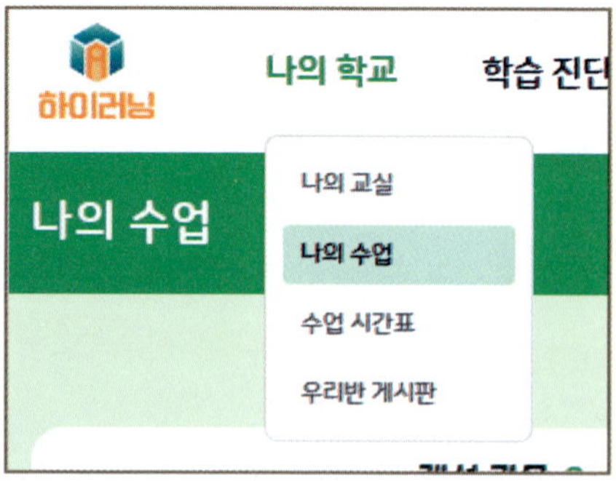

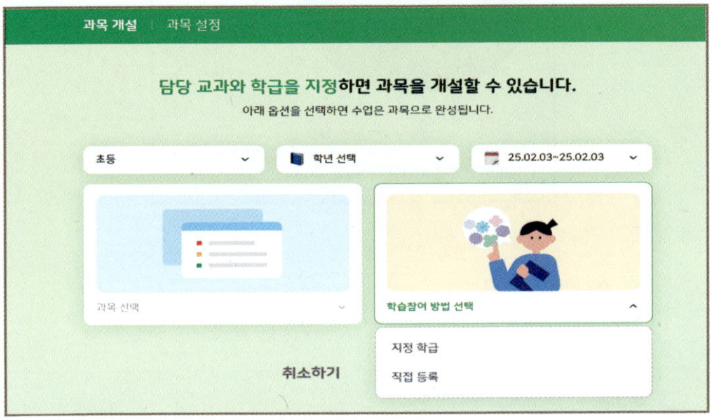


'나의 학교'－>'나의 수업'－>'과목 설계하기' 기능을 활용하여 학년별, 학급별로 교사가 운영하고자 하는 수업 교과를 등록할 수 있습니다.

**Hi TIP**

1. 학생 등록 시에 교사의 수업 기록 및 활용을 위해 학생들의 이름을 학생+숫자(ex. 학생12 등)로 기입할 수 있습니다.
2. 교과 보충 수업 및 동아리 활동 등 다양한 학습 목적에 따라 학생들을 지정하여 과목을 개설하여 운영할 수 있습니다.

## <하이러닝 준비> '학급 경영'

학급 경영 도구로써 하이러닝 내에 다양한 기능을 활용하여 하이러닝을 활용한 교수 학습 활동에 대해 동기유발을 할 수 있습니다.

## ❶ 오늘 나의 기분 표시하기

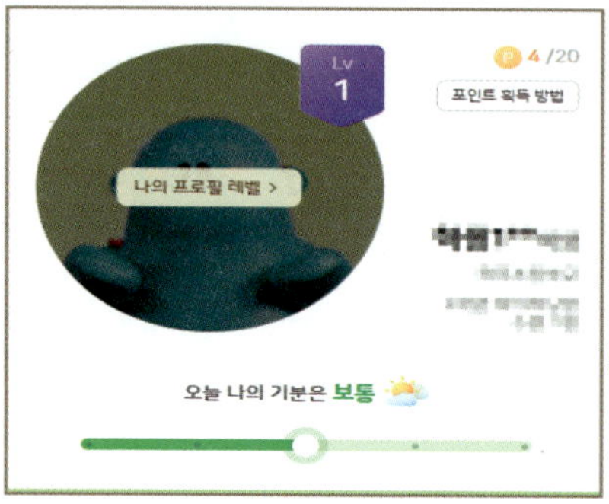


## ❷ 칭찬 스티커 활용하기

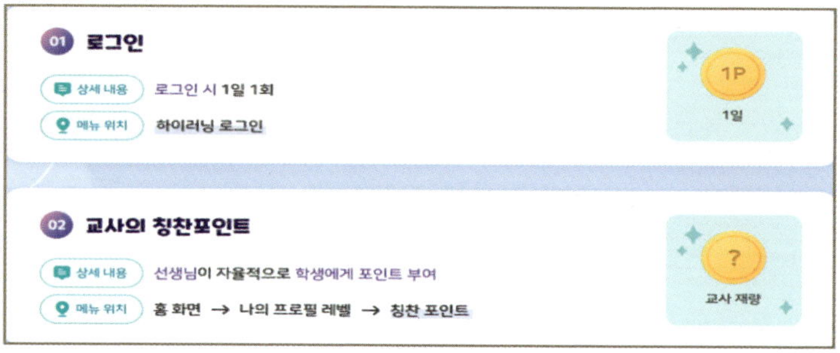


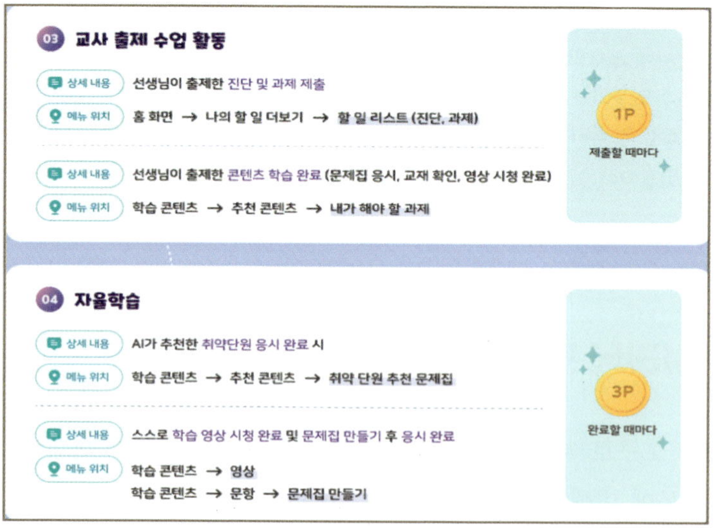

## ❸ 나의 프로필 꾸미기

수업 전에 나의 기분 날씨를 표현하거나 칭찬 스티커/포인트를 통해 수업의 동기를 유발할 수 있습니다. 또한 자신의 프로필을 꾸미는 활동을 통해 하이러닝에 대한 심리적 장벽을 허무는 시간을 가질 수 있습니다.

**Hi TIP**

1. '오늘 나의 기분 날씨 표시하기' 활동을 통해 아침 활동 및 창체 활동, 수업 전 활동에서 정서적 교감을 할 수 있습니다.
2. '칭찬 스티커' 기능을 통해 학생들은 게임처럼 학습에 임할 수 있고, 교사는 지속적인 평가의 도구로 사용할 수 있습니다.
3. '프로필 꾸미기' 활동을 통해 하이러닝 수업에 대한 동기 유발을 할 수 있습니다.

# <교수·학습 설계> '수업 설계'

수업을 시작하기 전 설계의 단계에서는 이전에 개설된 과목에 맞게 해당하는 단원을 찾고, 연계할 수 있는 차시를 통합하여 준비합니다. 또한 수업 운영의 형태 및 공유 설정에 맞게 설계안에 기입합니다.

## ❶ 수업 운영 형태

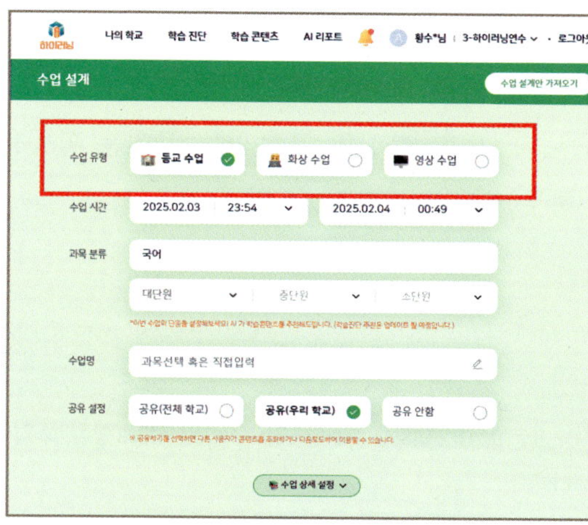


개설된 과목에 '수업 추가'와 '설계하기' 탭을 통해 수업을 개설합니다. 교사가 운영할 수업의 유형에 맞게 등교 수업, 화상 수업, 영상 수업으로 나뉘어 있어서 학습 상황에 맞게 구성할 수 있습니다.

**Hi TIP**

1. 재난 상황이나 지역적 상황에 맞게 수업의 유형이 변화할 수 있으므로 모든 학습 상황에 대비하여 수업을 설계할 수 있습니다.
2. 수업의 유형에 따라 수업 설계의 방향을 구체화할 수 있습니다.

## ❷ 과목과 연계한 단원 찾기

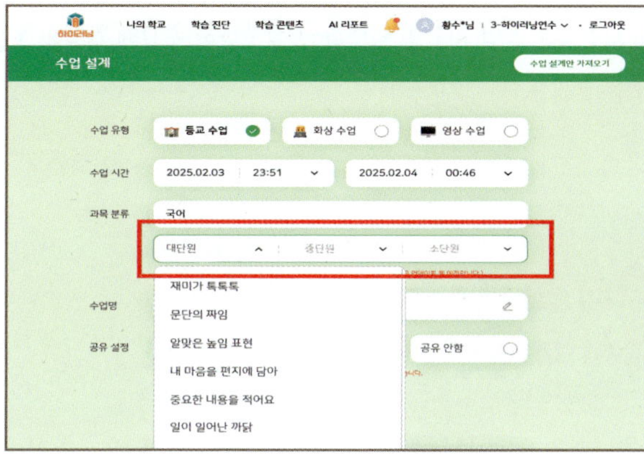


학년별 설정한 과목에 따라 '대단원', '중단원', '소단원'의 분류를 보고 수업을 설계할 수 있습니다.

## ❸ 수업 차시 구성하기

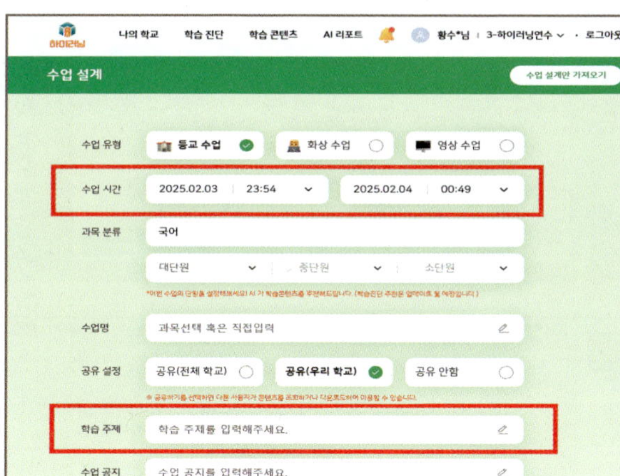


수업 운영 차시에 맞는 '수업 시간'과 '학습 주제'를 설정하여 기입할 수 있습니다.

**Hi TIP**

자신이 구성한 활동 시간보다 수업 시간을 넉넉하게 설정하여 중간에 수업의 흐름이 끊어지지 않도록 구성합니다.

## <교수·학습 설계> '자료 준비' – 교사 제시 교재

통합학습창의 '자료추가' 기능에서 '수업교재'를 선택해, 수업에 사용할 교재를 추가하여 교재를 제시할 수 있습니다.

### ① '교과서' 파일을 활용하여 수업하기

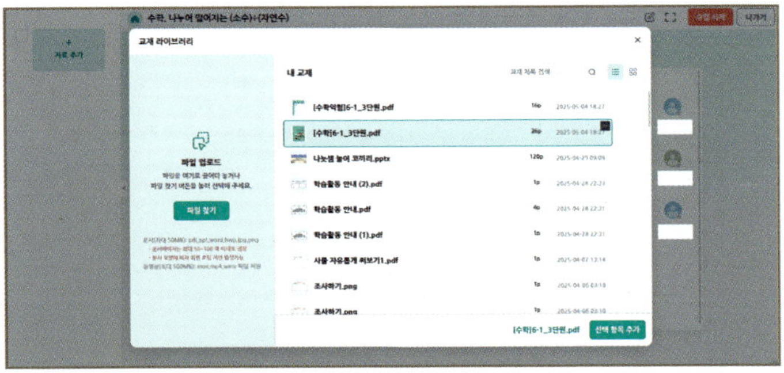


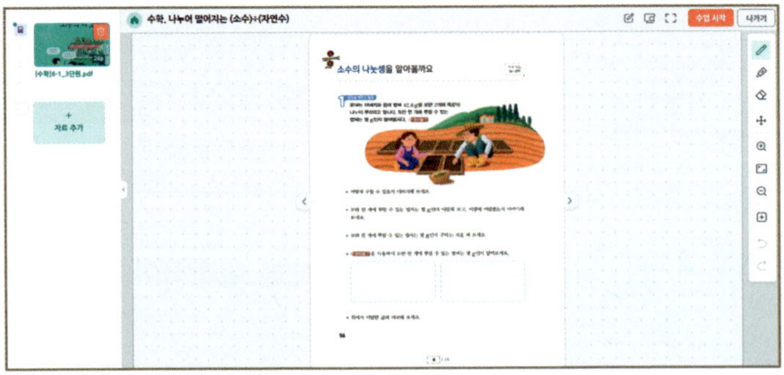

'교과서' 파일을 업로드하여 온라인 환경에서도 교과서를 활용해 수업을 진행할 수 있습니다.

## ❷ 'PPT, PDF'를 활용한 수업하기

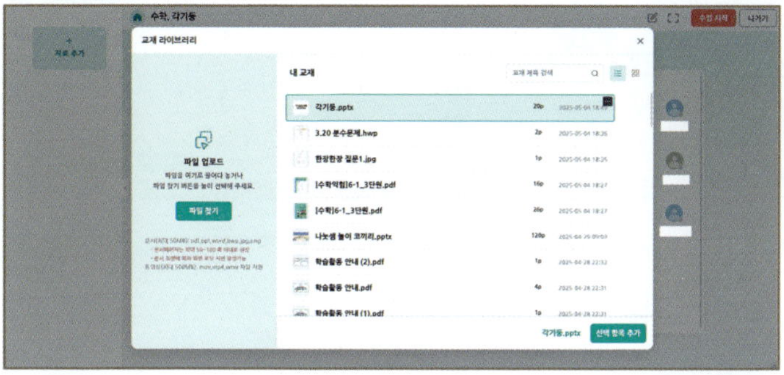


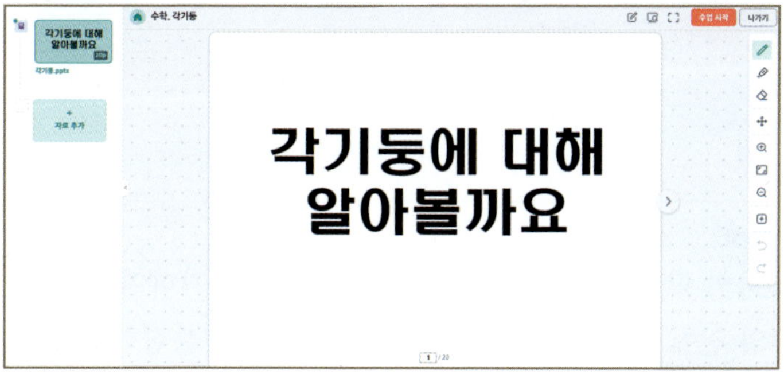


수업에 사용되는 'PPT, PDF' 파일을 업로드하여 학생들이 각자의 스마트 기기를 통해 교사가 제시한 자료를 확인할 수 있습니다. 단, PPT를 업로드할 경우 폰트가 깨져서 보일 수 있으므로, PDF 파일 업로드를 추천드립니다.

## <교수·학습 설계> '자료 준비' – 학생 참여용 교재

통합학습창의 '자료 추가' 기능에서 '수업교재'를 선택해 수업에 사용하는 학습지를 제시할 수 있습니다.

## ❶ 'word, hwp' 문서로 학습지 제시하기

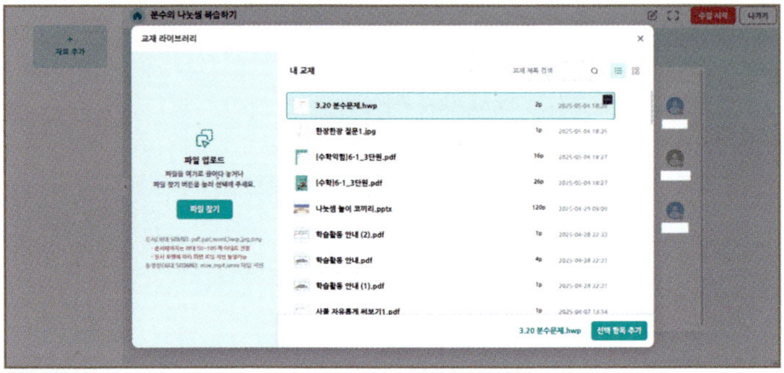


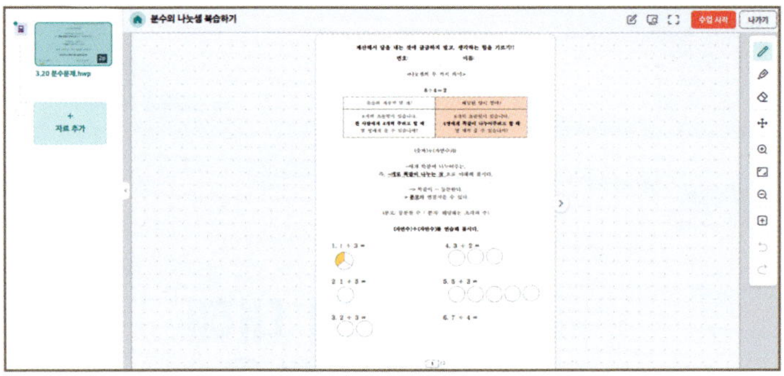


수업에 필요한 학습지를 파일 형식 그대로 자료로 추가하여 학생들이 활동할 수 있습니다. 수업 전에 학습지를 미리 인쇄해둘 필요 없이 통합학습창에서 자료 추가만 하면 된다는 장점이 있습니다.

## ❷ 'jpg, png' 사진으로 자료 제시하기

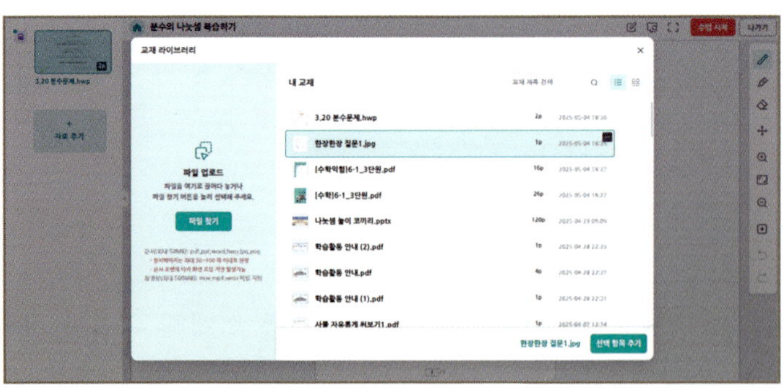

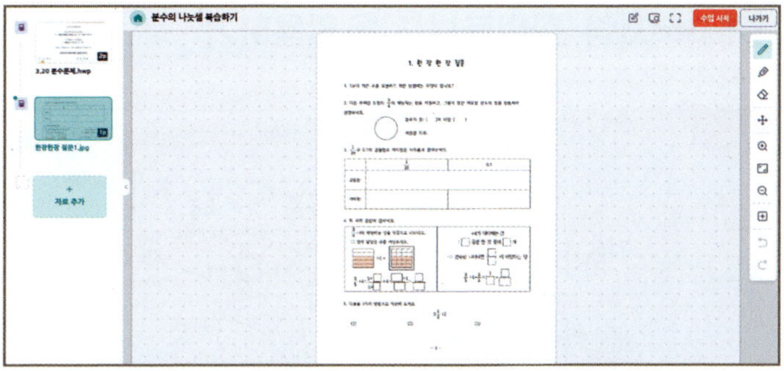


'PDF, PPT, word, hwp'뿐만 아니라 'jpg, png' 사진 형식으로도 자료를 추가할 수 있습니다.

## <교수·학습 설계> '자료 준비' - 온라인 칠판 활용(화이트보드)

'통합학습창'의 '자료추가' 기능에서 '화이트보드'를 선택해 자유롭게 글과 그림을 작성할 수 있는 온라인 칠판으로 활용할 수 있습니다.

### ❶ 교실 속 칠판처럼 '화이트보드'를 활용하기

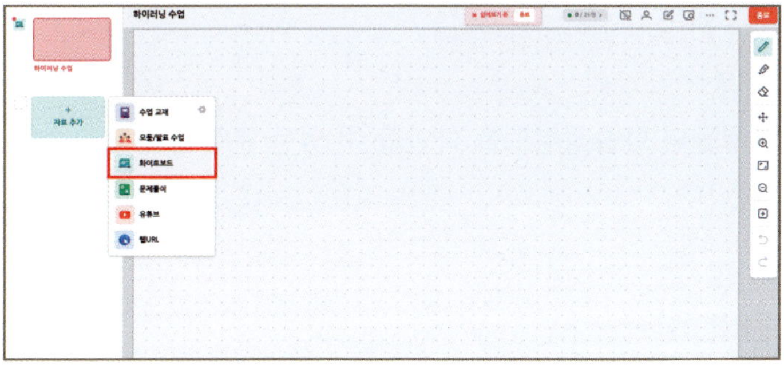


'화이트보드' 화면에서 진행하는 교사의 작업은 모든 학생들에게 공유됩니다. 학생들의 작업은 학생 개인의 화이트보드에만 나타나고 다른 학생들에게 공유되지 않습니다.

## ② 공유 스케치북처럼 '화이트보드'를 활용하기

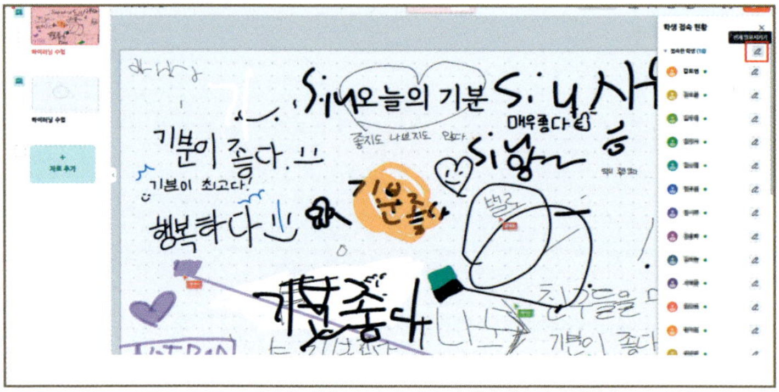

'발표하기'(p.85 참고) 기능을 활용해 모든 학생들의 작업을 다른 학생들과 공유할 수 있습니다.

**Hi TIP**

**화이트보드에서 작성한 학생들의 활동은 클래스보드에서 확인할 수 있습니다.**

## <교수·학습 설계> '자료 준비' – 문항 제시(문제풀이)

수업 중 학생들의 학습성취도를 확인할 수 있는 문항을 통합학습창 내에서 미리 준비할 수 있습니다.

## ❶ '직접 만든 문제'를 활용한 평가 문항 제작하기

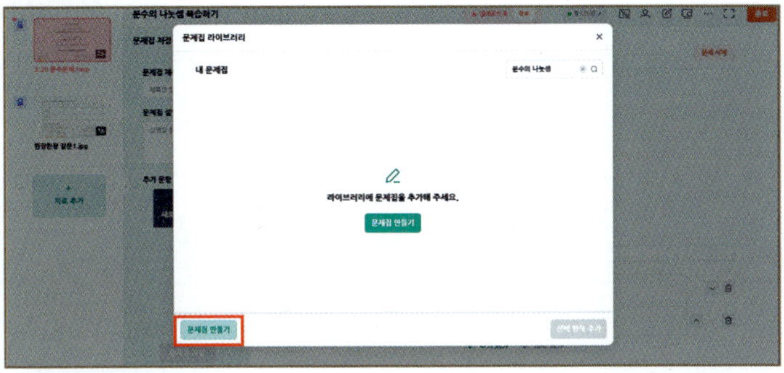


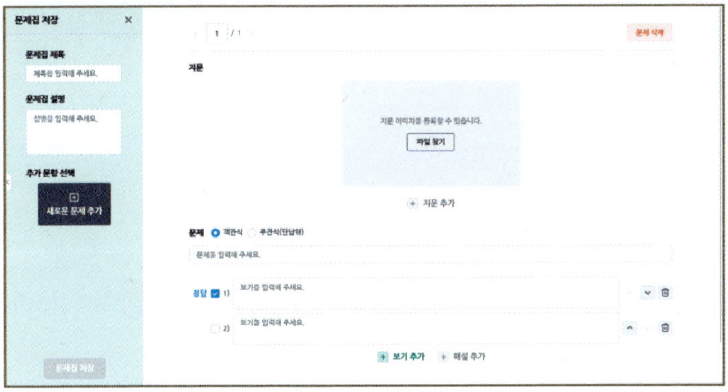


'문제풀이' 기능에서 '문제집 만들기'는 통합학습창 내에서 학생을 평가할 수 있는 문항을 바로 만들 수 있는 기능입니다. 객관식과 주관식으로 문항을 제작할 수 있으며, 필요에 따라 해설을 함께 작성해 학생들에게 제공할 수 있습니다.

## ❷ '미리 저장해둔 문제'를 활용한 평가 문항 제작하기

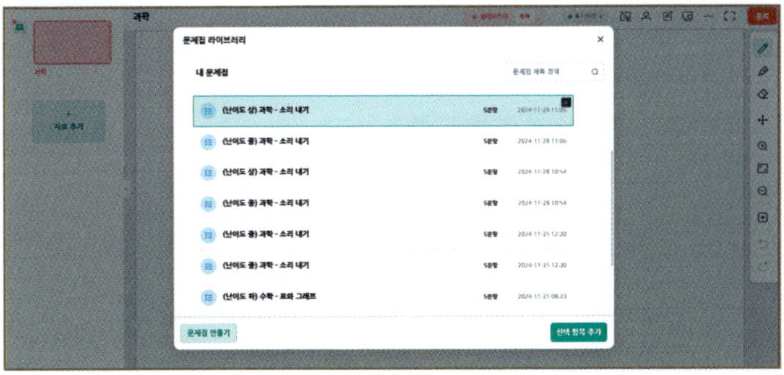

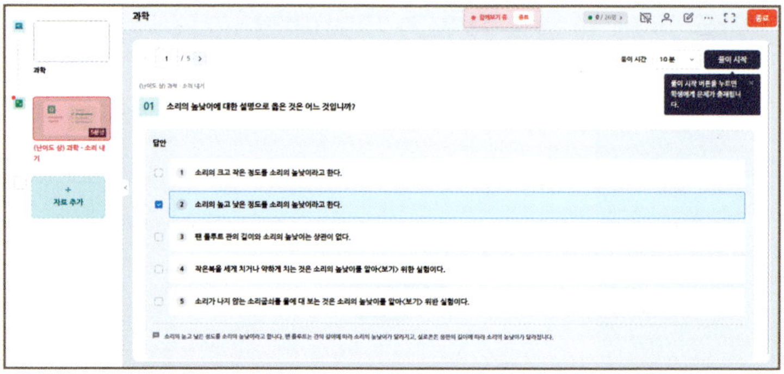


'문제풀이' 기능의 '문제집 라이브러리'에서 미리 만들어진 문항을 선택할 수 있습니다. 차시 수업을 개설할 때 '문제집' 항목에 저장해둔 문제집(p.70 참고)이라면 모두 불러올 수 있습니다.

## <교수·학습 설계> '자료 준비' – 영상 자료 제시(교사영상, 유튜브활용)

수업 중 필요한 영상을 다음과 같은 하이러닝의 기능들을 활용하여 제시할 수 있습니다.

### ❶ '교사 영상'을 활용하여 영상 자료 제시하기

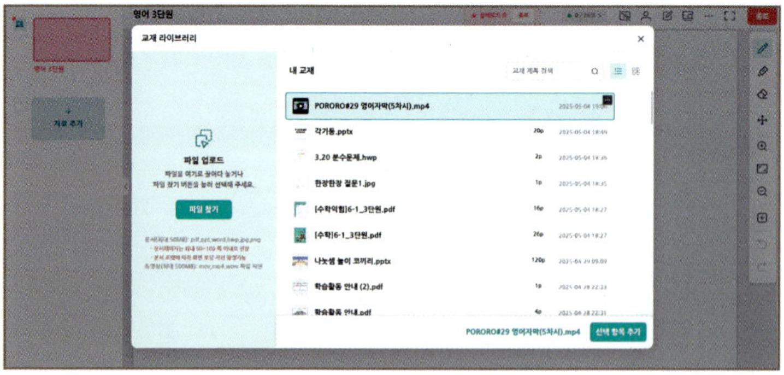

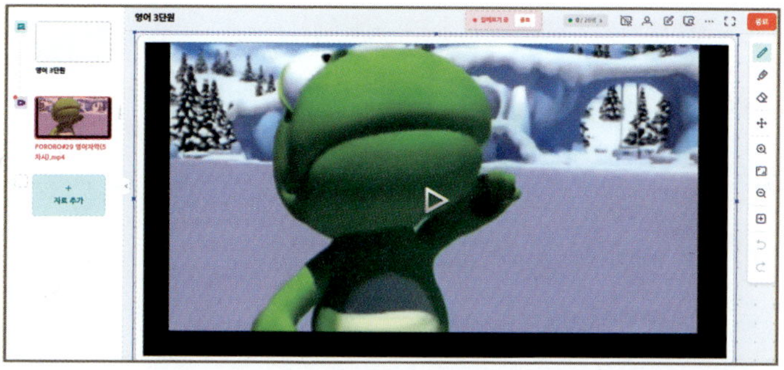

통합학습창의 '자료 추가' 기능에서 '수업교재'를 선택해 수업에 필요한 동영상을 제시할 수 있습니다. 'mov, mp4, wmv' 형식의 영상을 첨부할 수 있습니다.

## ❷ '유튜브' 사이트의 영상 자료 제시하기

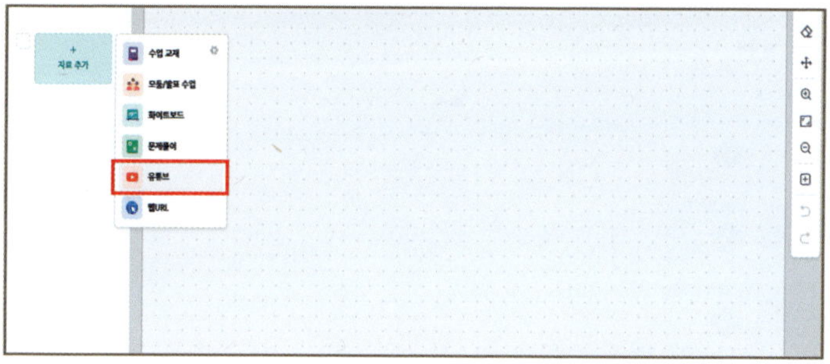

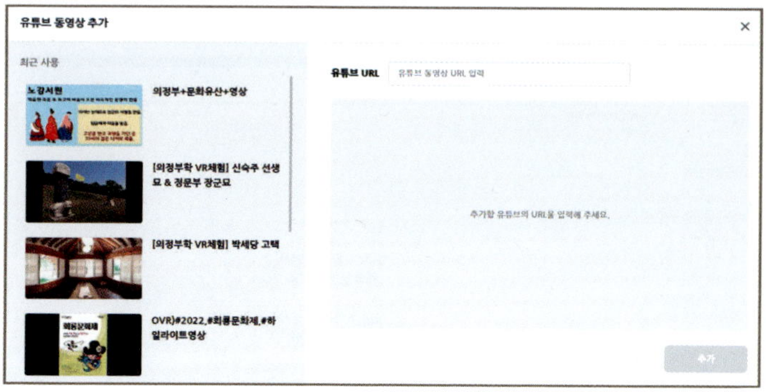


통합학습창의 '자료 추가' 기능에서 '유튜브'를 선택해 해당하는 유튜브 URL을 입력합니다. 또는 복사한 유튜브 URL을 '화이트보드' 화면에 붙여넣기(ctrl+v)하여 영상을 첨부합니다. 학생 화면 동영상 재생 여부를 교사가 제어할 수 있습니다.

## <교수·학습 설계> '자료 준비' – 외부 연계(웹 url)

QR코드나 주소 링크를 따로 제공하지 않고도, 수업 중에 다른 에듀테크 사이트로 편리하게 이동할 수 있는 탭을 만드는 기능입니다.

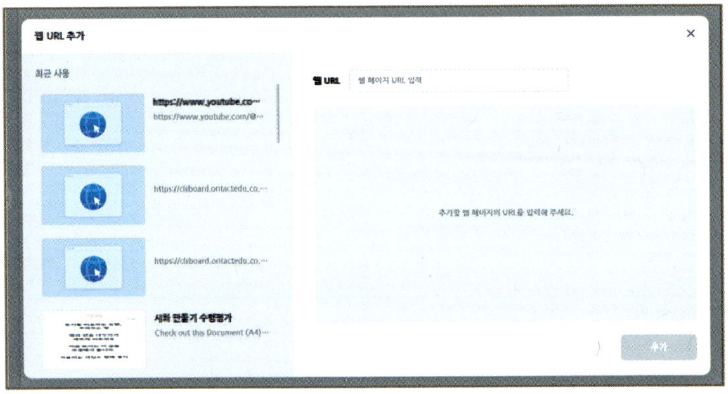


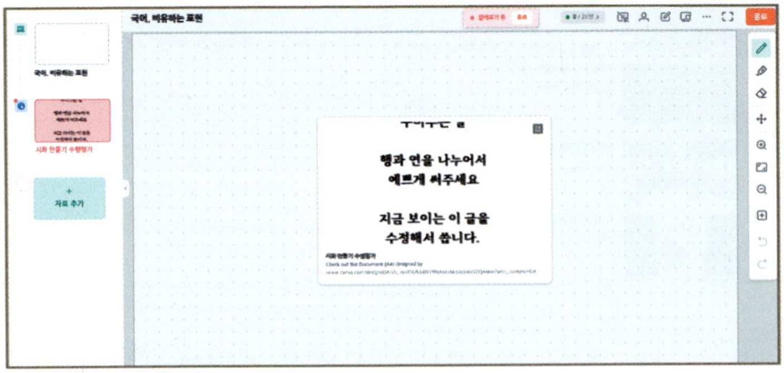

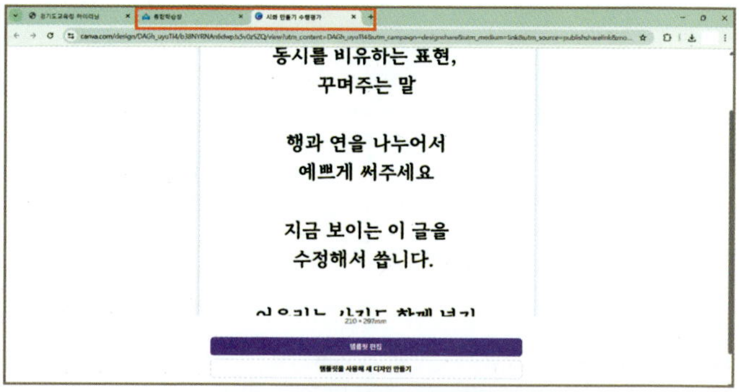


'외부 url 로 이동하는 탭' 만들기

통합학습창의 '자료 추가' 기능에서 '웹URL'를 선택해 해당하는 사이트의 URL을 입력합니다. 새로 추가된 창을 클릭하면 해당 사이트로 바로 이동할 수 있습니다.

더불어 하이러닝 사이트 내의 '클래스보드', '패들렛', '팅커벨', '구글 검색', '알지오매스' 등의 에듀테크 주소를 따로 안내하지 않고도, 하이러닝 통합학습창 내에서 사이트 url 탭만 만들어두면 바로 이동이 가능합니다.

## <교수·학습 설계> '진단, 평가 계획' – 평가 준비(문제집 제작)

학생들의 성취도를 확인할 수 있는 문제를 제작할 수 있습니다.

### 1 문제집 기본 세팅하기

'학습 콘텐츠'>'문항'>'등록하기'를 누른 후, 출제 방식을 선택하고 문제집의 기본정보를 설정합니다.

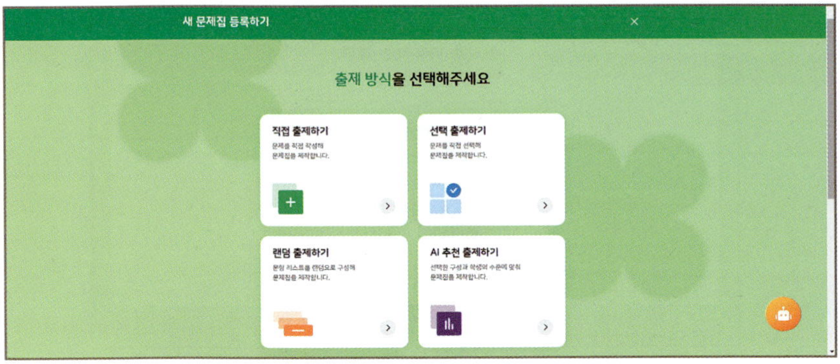

## 2-1 '직접 출제하기'를 활용한 평가 문항 제작하기

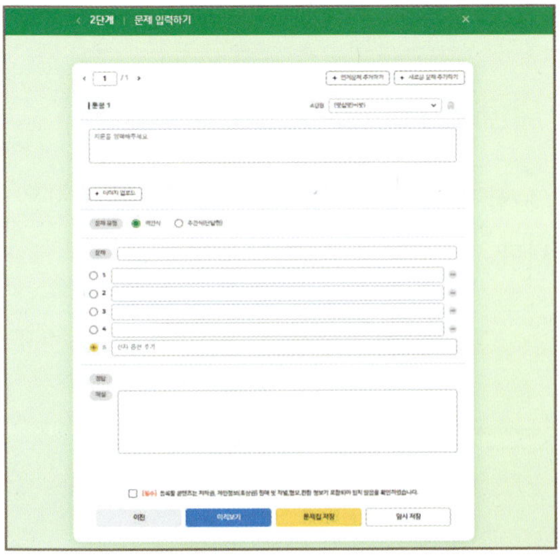

선생님이 문제를 만들고 등록할 수 있는 기능입니다. 객관식과 주관식으로 문항을 제작할 수 있으며, 해설을 함께 작성해 학생들에게 제공할 수 있습니다.

## 2-2 '선택 출제하기'를 활용한 평가 문항 제작하기

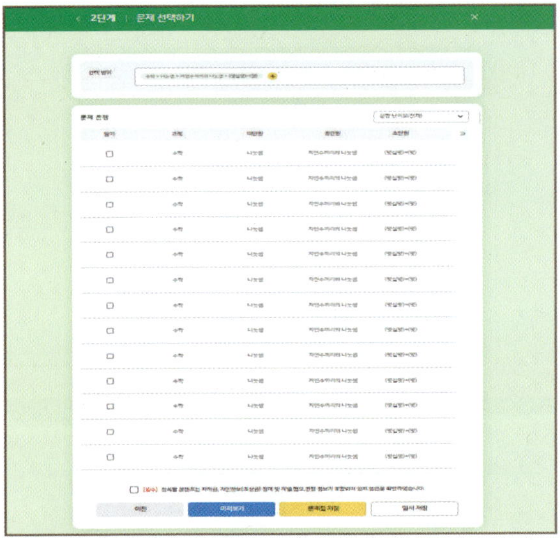


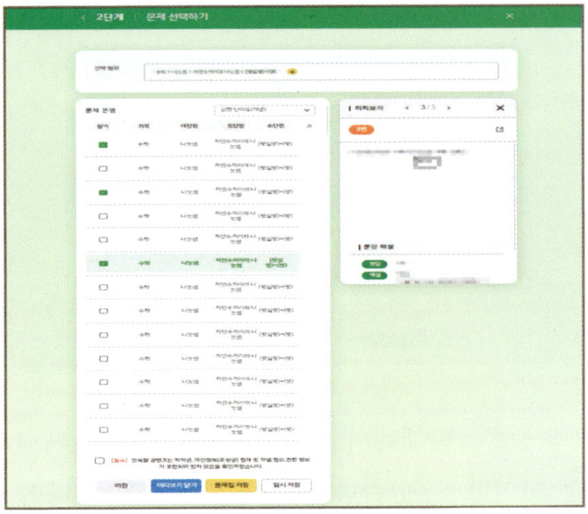


EBS에 있던 문제들을 그대로 활용해 문제를 출제할 수 있는 기능입니다. '개념, 응용, 심화'로 나누어진 문항 난이도에 따라 선택해 출제할 수 있다는 장점이 있습니다. 미리보기 버튼을 눌러 담은 문항을 확인할 수 있습니다.

## 2-3 '랜덤 출제하기'를 활용한 평가 문항 제작하기

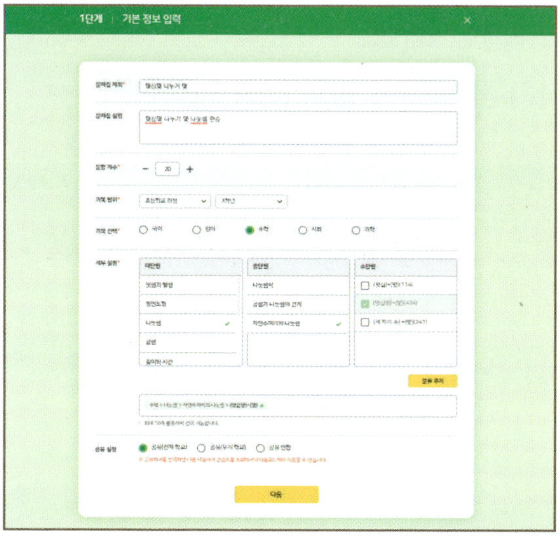


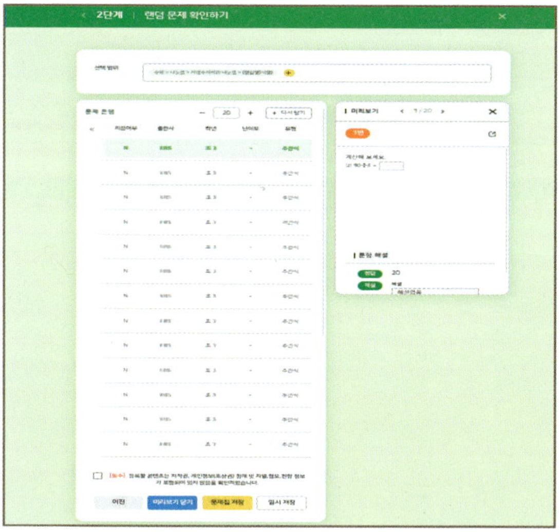


'랜덤 출제하기' 기능은 1단계에서 문항 개수를 설정해줍니다. 마찬가지로 미리보기를 통해 문제를 확인할 수 있습니다. 문제를 바꾸고 싶다면 상단에 있는 다시 담기 버튼을 통해 문제를 다시 선택할 수 있습니다.

## 2-4 'AI 추천 출제하기'를 활용한 평가 문항 제작하기

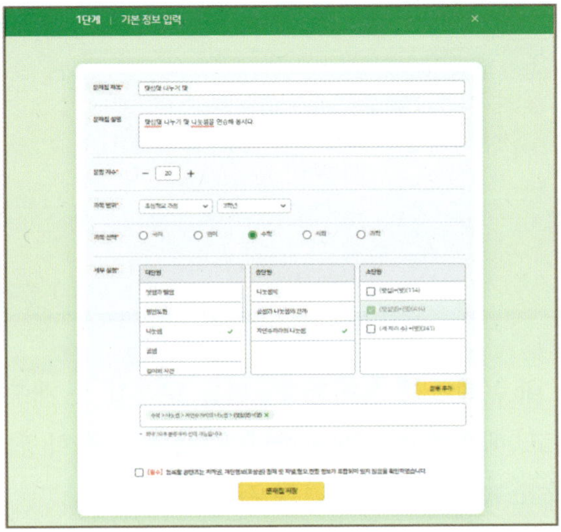

'AI추천 출제하기' 기능은 1단계에서 문항 수와 과목 세부 설정을 하면 문제집이 자동으로 제작됩니다. 앞선 문제집과 달리 AI가 분석해 준 결과에 따라 학생들은 각자 수준에 맞는 서로 다른 문제를 풀게 됩니다.

## 3 문제집 배포하기

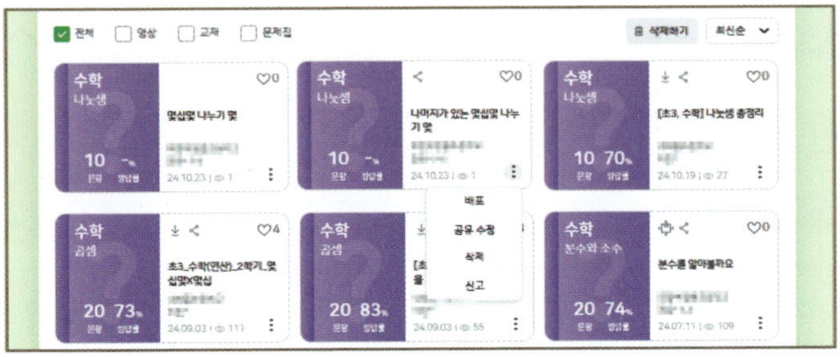

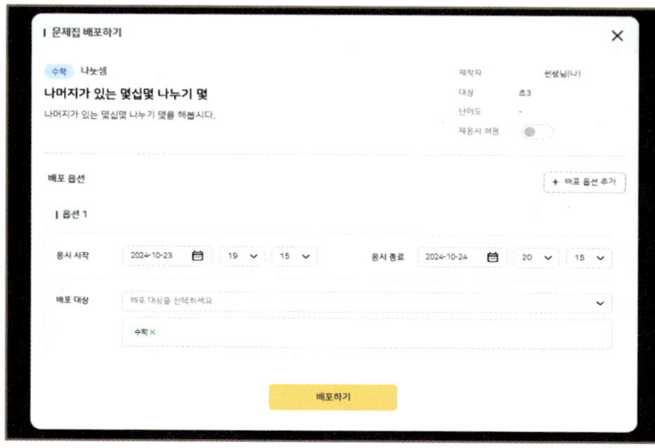


'학습 콘텐츠'>'내 콘텐츠'에 들어간 후, 만든 문제집 중 배포할 문제집 하단의 점 세 개를 클릭하고, 배포를 눌러 배포합니다. 배포할 때 학생들이 시험을 볼 수 있는 시간을 설정하고, 재응시 허용 여부를 선택합니다.

## <교수·학습 설계> '진단, 평가 계획' – 학습 진단(AI 학습진단)

수업을 진행하기 전, 학생들의 차시별 학습성취도를 확인하기 위해 다음과 같은 하이러닝의 기능을 사용할 수 있습니다. 이 기능은 초등학생 4~6학년, 중·고등학생을 대상으로 합니다.

### 'AI 학습 진단 평가' 기능 활용하기

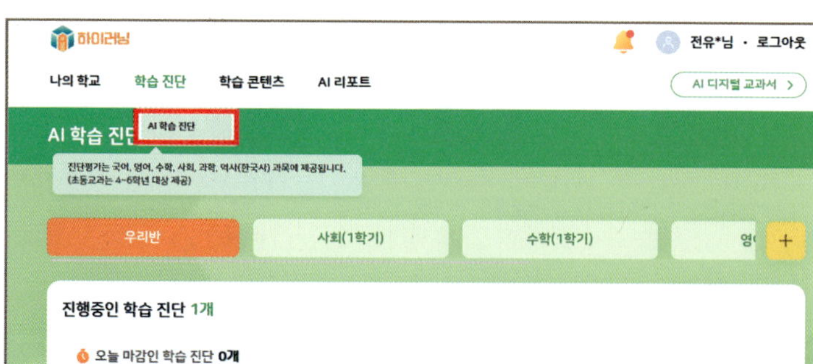

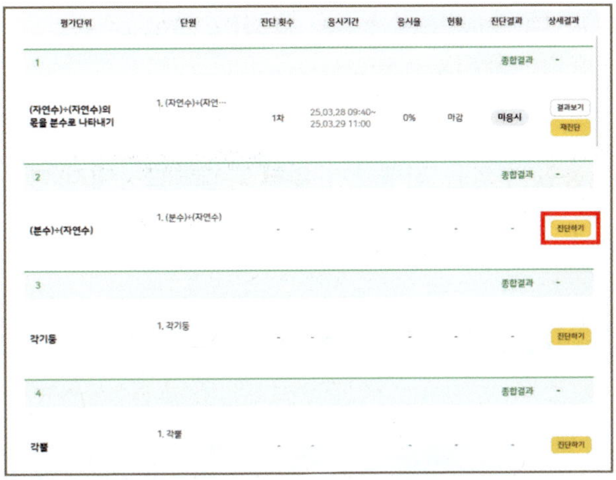

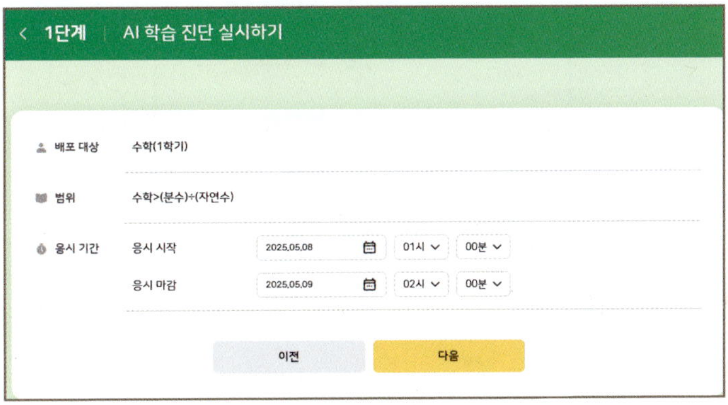


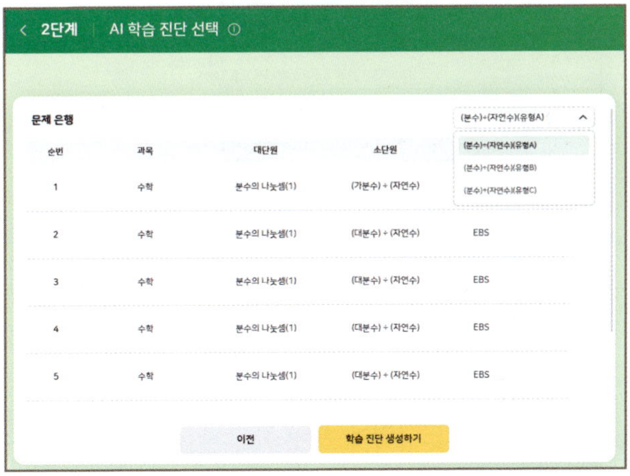


수업 전에 학생들에게 문항을 미리 배포하고 학생들의 문제 풀이 결과를 확인하여, 개인의 학습 수준을 진단하고 수업을 계획할 수 있습니다.

## <교수·학습 실행> '수업 준비' – 수업 중 수업 설계하기(자료 추가)

하이러닝을 활용한 수업을 진행하기 위해 통합학습창에서 다음과 같은 기본적인 자료 등록이 가능합니다.

### ❶ '자료추가' 기능으로 내가 원하는 수업 디자인하기

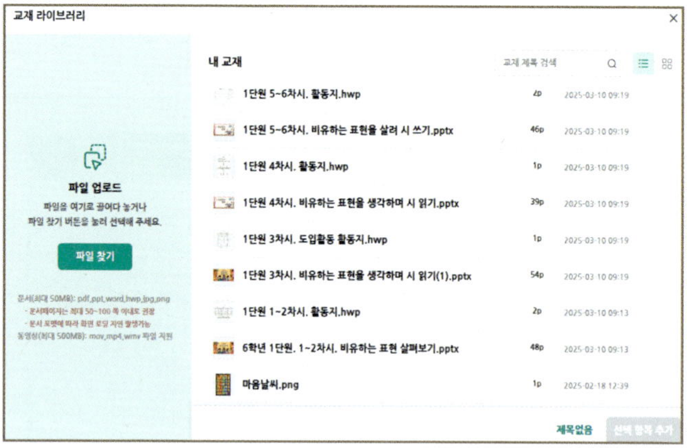


자료추가 기능은 총 6가지의 자료 등록이 가능합니다.

'수업 교재' 탭에서는 교사가 수업에 활용하고자 하는 pdf,ppt,word,hwd,jpg 등의 파일을 등록할 수 있습니다. '모둠/발표 수업' 탭에서는 학습자를 다양한 크기의 집단으로 나누어 협동학습에 활용할 수 있습니다. '화이트보드' 기능은 아무 것도 없는 화면에서 자유롭게 필기를 할 수 있습니다. '문제풀이'에서는 [문제집 만들기]를 통해 학생들에게 수업 중 문제(퀴즈)를 제시할 수 있습니다. '유튜브'는 동영상 링크를 첨부하여 광고 없이 시청할 수 있습니다. 마지막 '웹URL'은 그 외 외부 모든 URL로 연결할 수 있는 새로운 탭을 만들 수 있습니다.

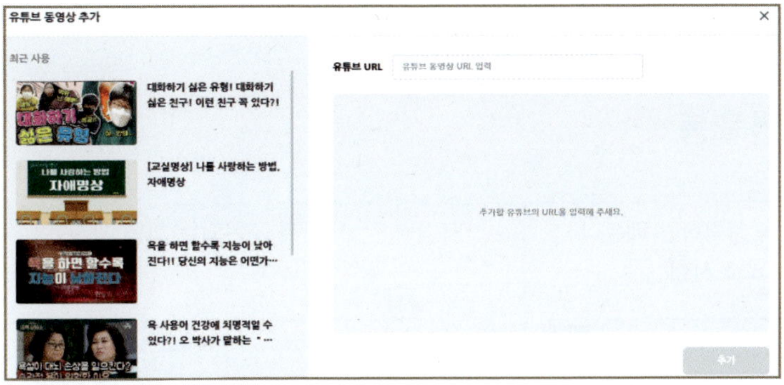


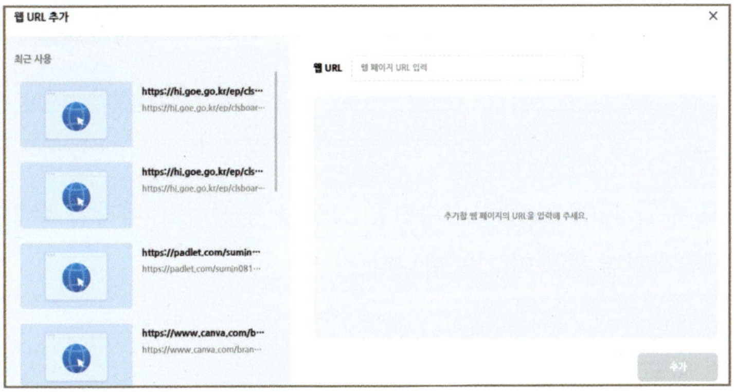


**Hi TIP**

1. 유튜브 링크 첨부는 학생들의 테블릿에서는 소리가 나지 않고, 교사 컴퓨터에서 일괄 소리가 공유됩니다. 단, 함께보기는 지원되지 않습니다. 각자 영상 시청을 원할 경우 '웹URL' 기능을 활용합니다.
2. 모둠/발표 수업을 1인 1모둠으로 설정할 경우, 학생들의 학습 기록이 모두 클래스보드로 저장되어 교사가 확인할 수 있습니다.

## <교수·학습 실행> – '수업 중'
## 학생 참여 활동(모둠/발표 수업, 발표시키기)

교사의 교수학습활동 구성에 따라 개인별, 모둠별, 학급 전체 활동을 할 때 다음과 같은 하이러닝의 기능을 활용할 수 있다.

### 모둠/발표 수업 기능

#### ① 개인별 활동

| 해당 항목 클릭하는 메뉴나 요소 사진 | 실제 구현되는 화면 사진 |
| --- | --- |
| 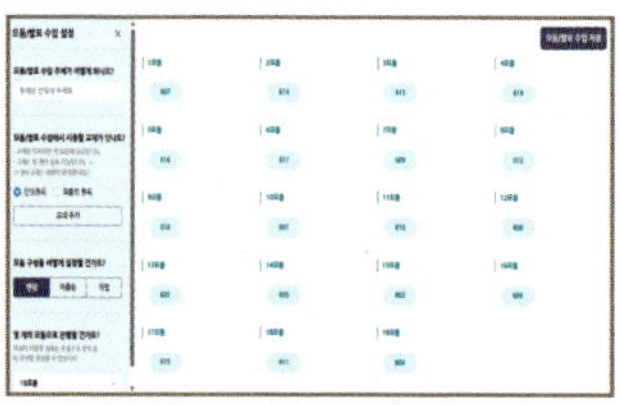 | 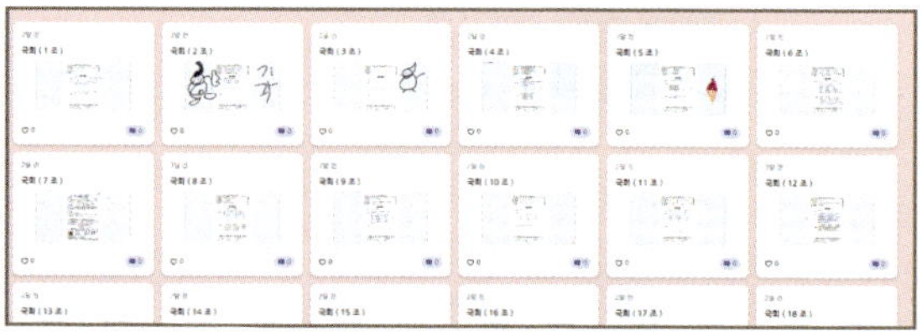 |

모둠/발표 수업 시에 학생들의 수만큼 모둠을 구성하고 제작된 수업 자료를 추가하면 학생들 개인별 활동이 가능합니다.

#### ② 모둠별 활동

| 해당 항목 클릭하는 메뉴나 요소 사진 | 실제 구현되는 화면 사진 |
| --- | --- |
| 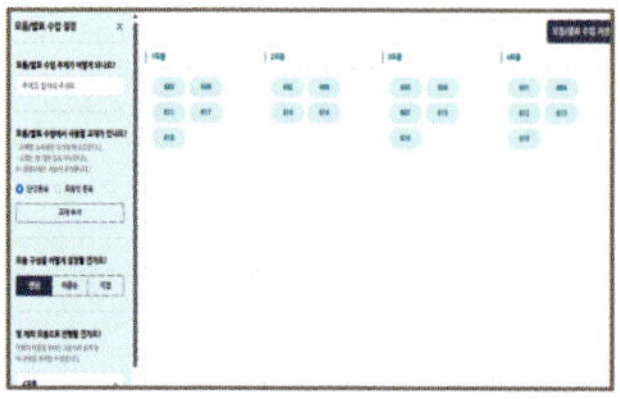 | 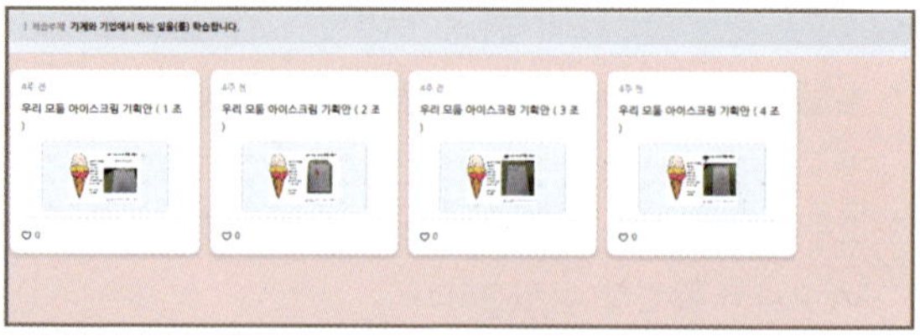 |

모둠/발표 수업 시에 구성된 모둠 수대로 나누고 수업 자료를 추가하면 모둠별 활동 과제를 제시할 수 있습니다.

## ‘발표시키기’ 기능

### ❶ ‘지정발표시키기 기능’을 활용한 개인별, 모둠 활동

| 해당 항목 클릭하는 메뉴나 요소 사진 | 실제 구현되는 화면 사진 |
| --- | --- |
|  | 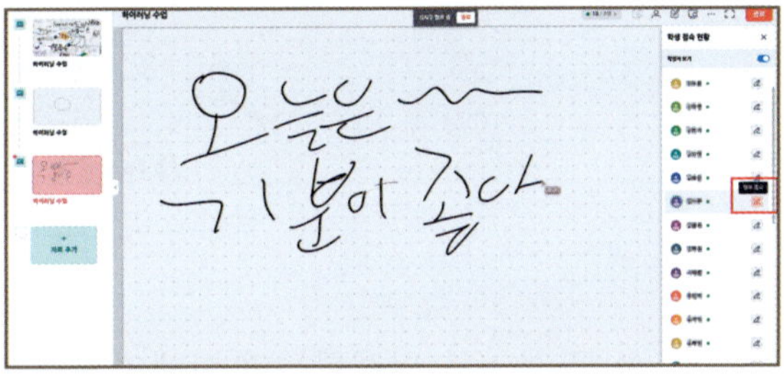 |

지정 발표시키기 기능을 활용하여 교사가 제시한 과제에 대해 퀴즈 및 과제를 해결할 수 있는 개인별, 모둠별 활동이 가능합니다.

### ❷ ‘전체 발표시키기 기능’을 활용한 학급 전체 활동

| 해당 항목 클릭하는 메뉴나 요소 사진 | 실제 구현되는 화면 사진 |
| --- | --- |
|  | 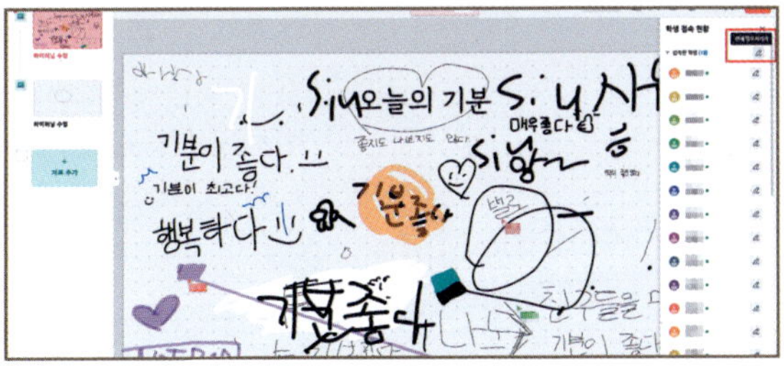 |

전체 발표시키기 기능을 활용하여 학생 전체가 한 화면에서 동시에 학습 과제를 해결할 수 있는 활동이 가능합니다.

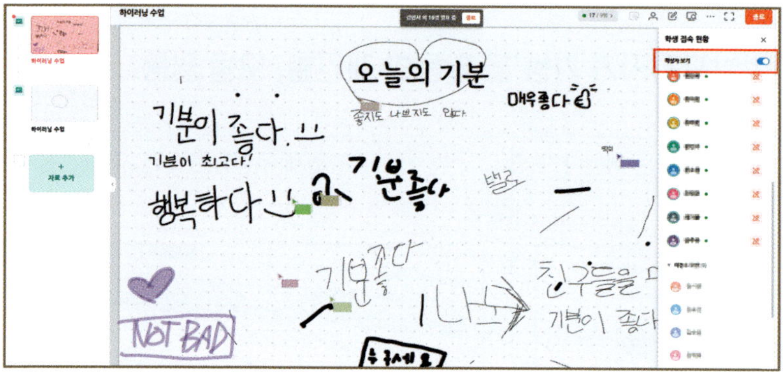


작성자 이름 보기

작성자 이름 보기를 활성화하면 학생의 활동 옆에 학생 이름이 함께 보입니다. 익명으로 활동을 하고자 하는 경우에는 작성자 이름 보기를 비활성화하면 됩니다.

**Hi TIP**

1. 개별/모둠별 학습자료를 배부할 때에 여러 장으로 구성하면 훌륭한 발표자료를 학생 주도적으로 제작할 수 있습니다.
2. 발표시키기 기능을 활용하여 '학급 꼬마샘' 활동을 할 수 있습니다.

## <교수 · 학습 실행> – '수업 중' – 학생 학습 상황 파악(새탭열기, 질문하기)

수업 중 학생들의 활동과 학습 상황을 파악하기 위해 다음과 같은 하이러닝의 기능들을 사용할 수 있습니다.

### ① '새탭열기' 기능으로 모니터링을 강화해 피드백하기

| 해당 항목 클릭하는 메뉴나 요소 사진 | |
|---|---|
| 실제 구현되는 화면 사진 1 | 실제 구현되는 화면 사진 2 |
|  | 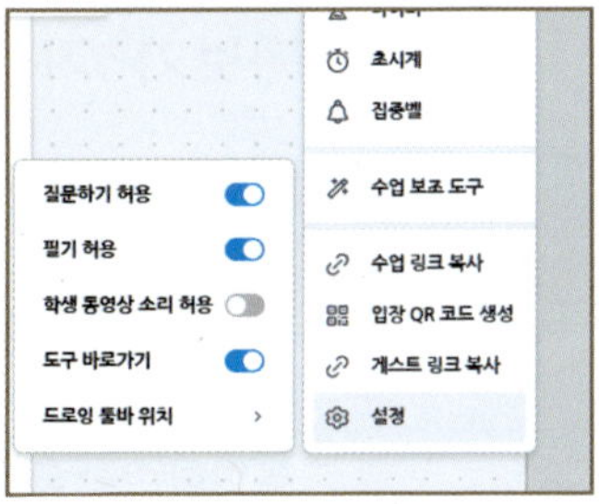 |

새탭열기 기능은 교사의 하이러닝 통합학습 창을 한 개 더 생성하여 수업을 위한 통합학습창과 별개로 모니터링을 위한 창으로 활용할 수 있습니다. 모니터링으로 학습자들의 성취 정도를 실시간으로 파악할 수 있습니다.

### ② '질문하기' 기능을 활용해 수업의 흐름 끊지 않기

| 해당 항목 클릭하는 메뉴나 요소 사진 | 실제 구현되는 화면 사진 |
|---|---|
| 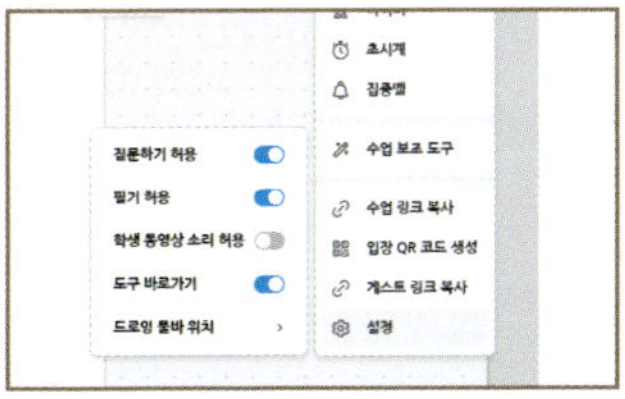 | 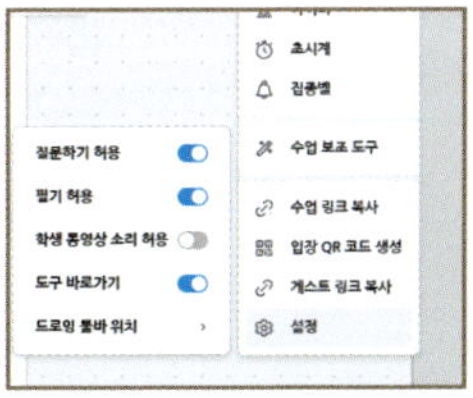 |

'질문하기' 기능은 학습자가 수업 중 생긴 질문을 채팅으로 교사에게 전달할 수 있는 기능입니다. 수업 중 질문으로 수업의 흐름이 끊기는 것을 막고, 교사의 의도에 따라 질문을 한꺼번에 해결할 수 있습니다.

## <교수 학습 실행> '수업 중' – 교사 주도 설명(함께보기)

수업 중 학생들의 무분별한 학습 경로 이탈을 막고 집중시키기 위해 다음과 같은 하이러닝의 기능을 사용할 수 있습니다.

### '함께보기' 기능을 활용한 교사 주도의 설명

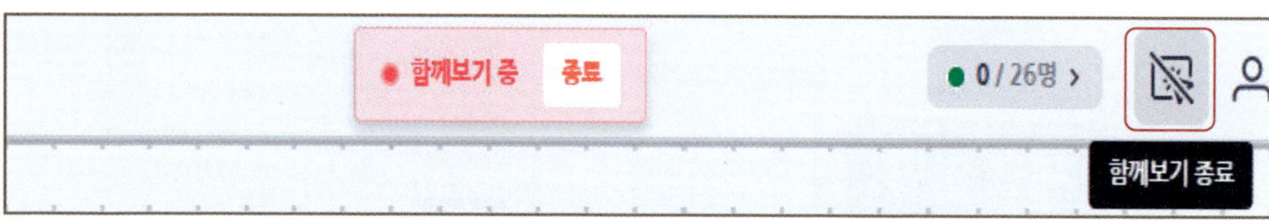


통합학습창 우상단 – [함께보기] 설정 및 해제

교사 시점: 함께보기 중

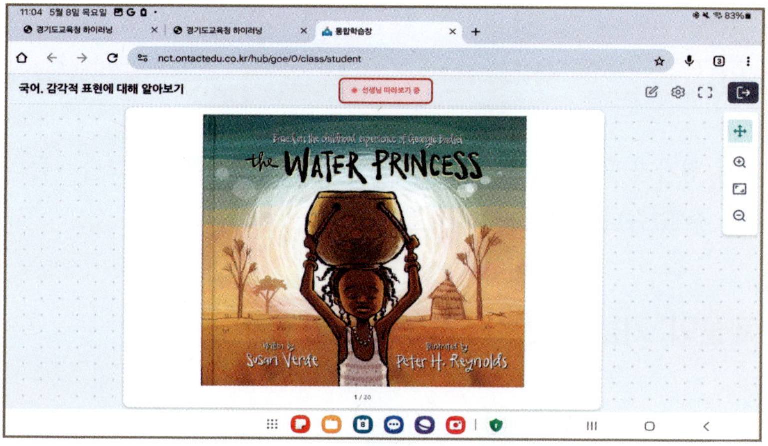


학생 시점: 선생님 따라보기 중

함께보기 기능은 수업 중에 교사가 학생들의 화면을 통제할 수 있는 기능입니다. 교사 주도의 설명이 필요한 수업 장면에서 학생들이 통합학습창 내 다른 화면으로 이동하지 못하도록 제어할 수 있습니다. 학생 중심보다 교사 중심의 교수·학습이 필요한 상황에서 유용합니다. 함께보기 기능 해제 시에는 개인별로 이동할 수 있어 학생이 자유롭게 페이지를 이동하며 학습할 수 있습니다.

**Hi TIP**

온책읽기 수업에서 책의 결말이 궁금해 마지막 부분으로 이동해 먼저 읽고 내용을 말하는 학생이 없도록 할 수 있어요! 또한, 수학 수업 시 빠르게 문제를 풀고 다음으로 넘어가 설명에 집중하지 않는 학생들의 집중을 도울 수 있습니다.

## <교수·학습 실행> '평가·피드백' – 과정중심평가 및 환류(문제풀이, AI논술형평가)

수업에서 평가가 필요할 때에는 하이러닝의 기능을 활용해 학습자들의 성취 수준을 평가할 수 있습니다.

### ❶ '문제풀이' 기능을 활용해 성취도 평가하기

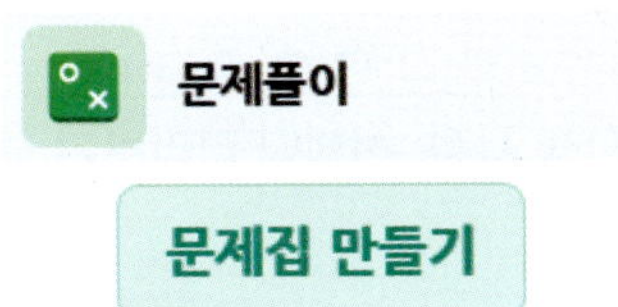


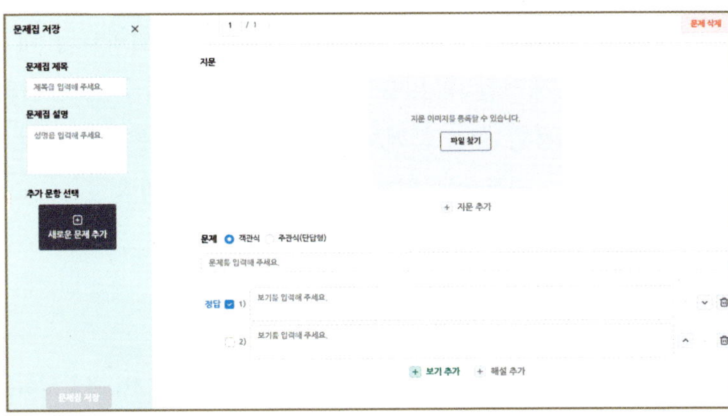


[자료추가] – [문제풀이] – [문제집 만들기]를 통해 객관식, 주관식(단답형) 문제를 만들 수 있습니다. 학습자의 해당 핵심 개념 성취도를 문제풀이 기능을 활용해 체크해 보세요.

## ❷ 'AI논술형평가'

<table>
<tr><th>해당 항목 클릭하는 메뉴나<br>요소 사진</th><th>실제 구현되는 화면 사진</th></tr>
<tr><td>
</td><td>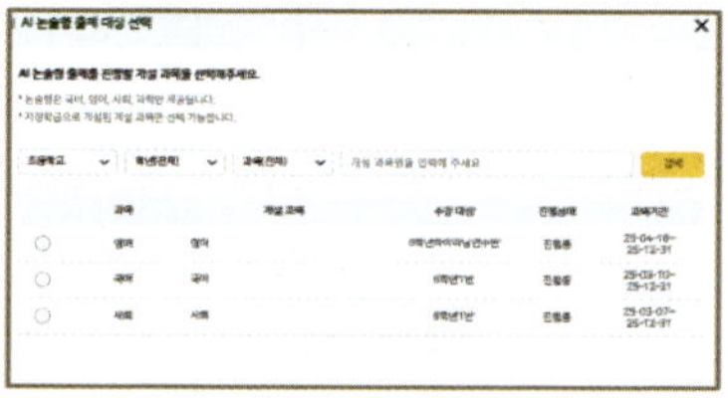</td></tr>
</table>

## <교수·학습 실행> '평가·피드백' – 과정중심평가 및 환류(모니터링, 발표하기)

수업 중 학생들의 활동과 학습 상황을 피드백 해주기 위해 다음과 같은 하이러닝의 기능들을 사용할 수 있습니다.

## ❶ '모니터링' 기능을 활용한 피드백하기

<table>
<tr><th>해당 항목 클릭하는 메뉴나<br>요소 사진</th><th>실제 구현되는 화면 사진</th></tr>
<tr><td>
</td><td>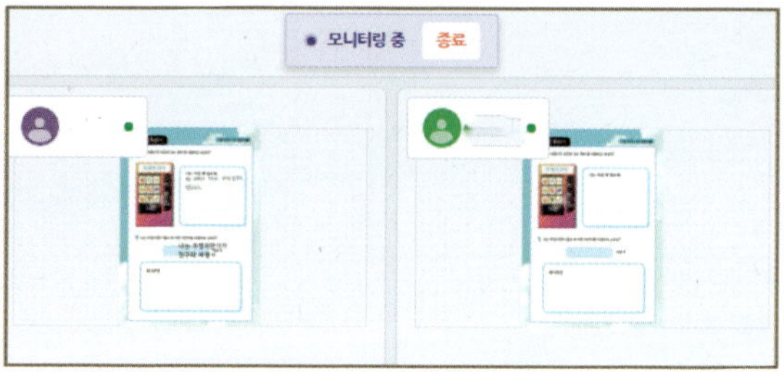
</td></tr>
</table>

모니터링 기능은 수업중에 학생들 상황을 교사가 볼 수 있게 화면에 열어주는 기능입니다.

## ② '발표하기' 기능을 활용한 피드백 하기

| 해당 항목 클릭하는 메뉴나 요소 사진 | 실제 구현되는 화면 사진 |
|---|---|
|  | 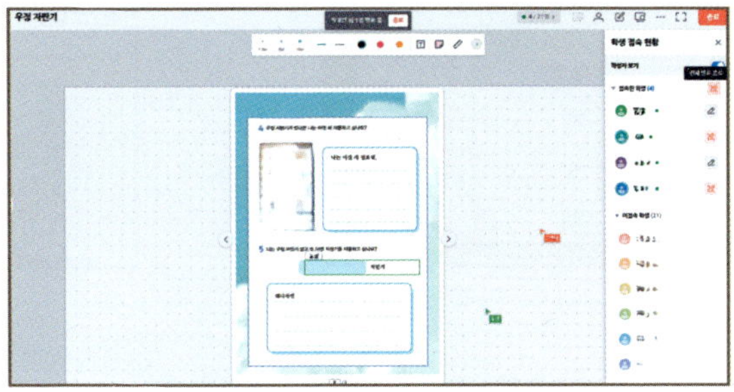 |

발표하기는 학생들이 교사처럼 교재나 화이트보드 중에 모든 학생들에게 보이게 필기를 할 수 있는 기능입니다. 이렇게 필기된 내용은 모든 학생들의 교재에도 동일하게 필기가 됩니다.

## ③ '질문하기' 기능을 활용한 피드백 하기

| 해당 항목 클릭하는 메뉴나 요소 사진 | 실제 구현되는 화면 사진 |
|---|---|
| 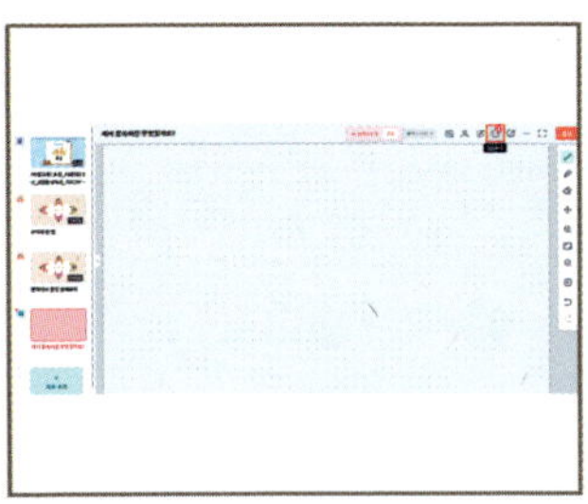 | 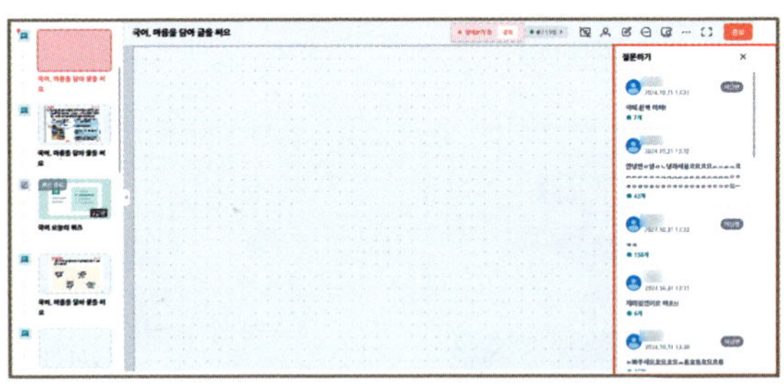 |

교사가 답하지 않은 메세지에는 '미답변'이라는 문구가 함께 생성되므로 확인하기 용이합니다.

## <교수·학습 환류> - 보충·심화학습 - 추가 과제 및 추가 학습(과제 제출, 문제풀이, 오답노트)

### ❶ '과제제출'로 성취도 평가 및 피드백하기

실제 구현되는 화면 사진

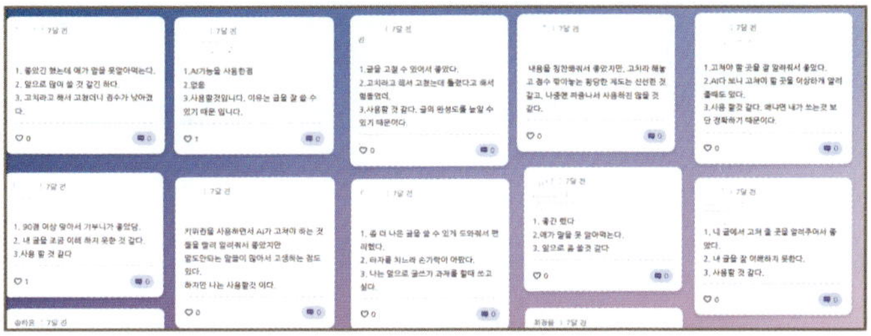

[클래스보드] – [우리반 클래스보드] – [과제 제출]에 교사가 부여한 과제를 해결 후 제출 할 수 있습니다. 학습자들의 과제 성취를 평가하고 보충이 필요한 부분에 대한 피드백 활용을 할 수 있습니다.

### ❷ '문제풀이'와 '오답노트' 기능을 활용해 평가와 환류 한 번에 다잡기

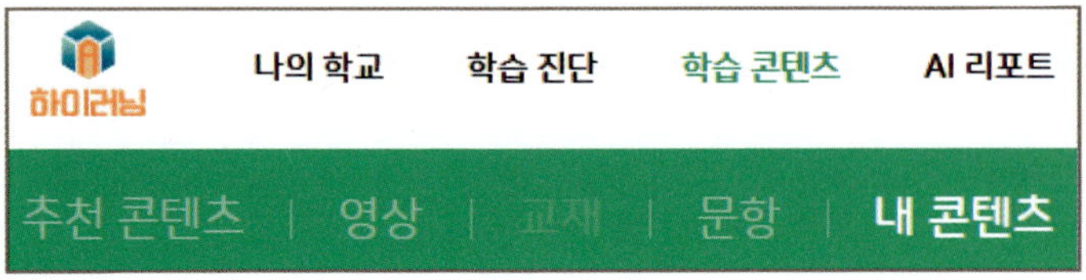

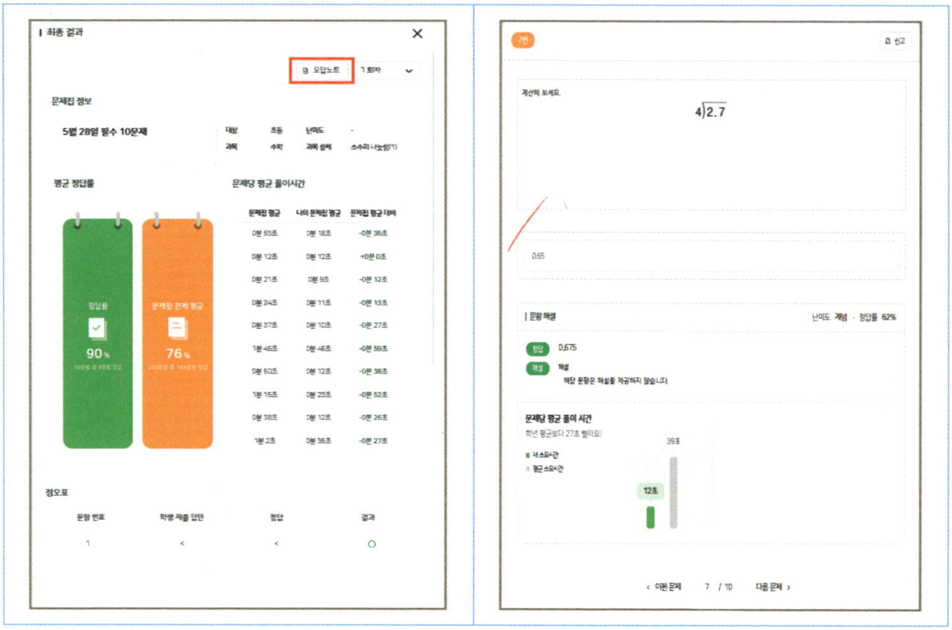

학습자는 [학습 콘텐츠] – [내 콘텐츠]에서 교사가 제시한 문제를 풀 수 있으며, [오답노트] 기능을 통해 문제 해설과 내 풀이 결과를 바탕으로 부족한 점을 보충할 수 있습니다.

## <교수·학습 환류> '다시보기' – 포트폴리오, 누가적 기록(클래스보드)

수업 중 포착하기 어려운 학생의 모든 학습 과정이 온라인 포트폴리오로 실시간 자동 생성되어 누적 기록되고, 무제한 패들렛을 생성하기 위해 다음과 같은 하이러닝의 기능을 사용할 수 있습니다.

## ❶ '클래스보드'의 2가지 기능: ⓐ 나의 수업 리스트, ⓑ 우리반 클래스보드

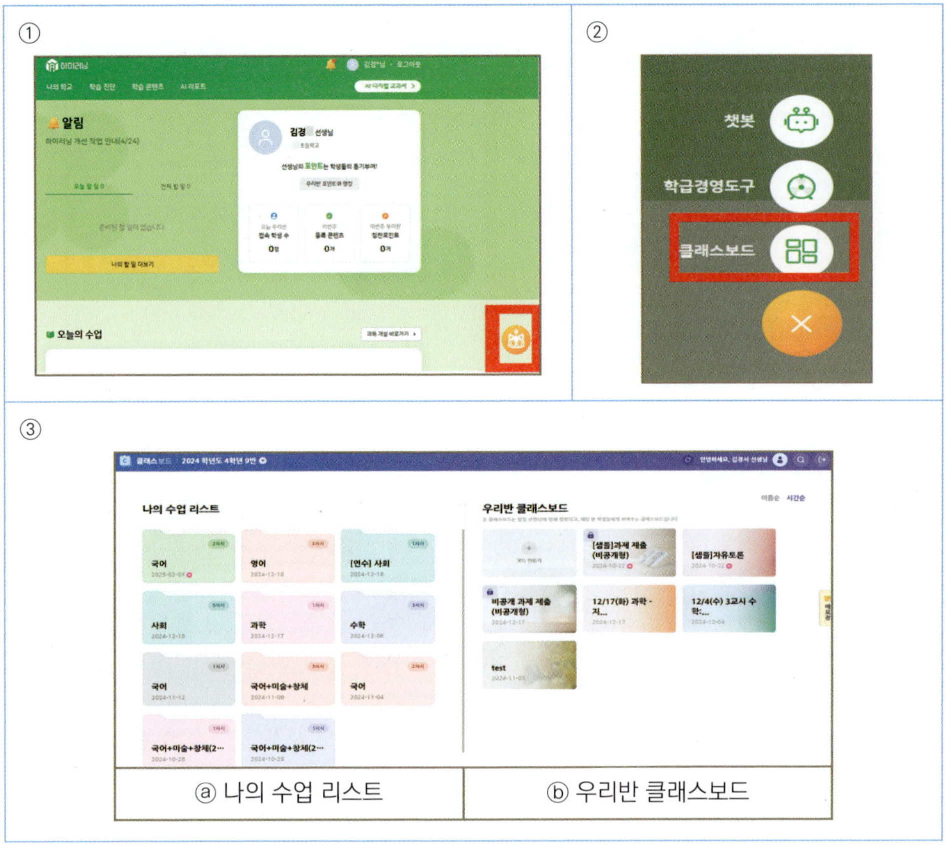


교사는 클래스보드를 활용함으로써 학생이 수업에서 어떻게 배웠는지를 다시 보며 유의미한 환류를 제공할 수 있습니다.

## ❷ '클래스보드' : ⓐ '나의 수업 리스트' 기능을 활용한 포트폴리오 및 누적기록

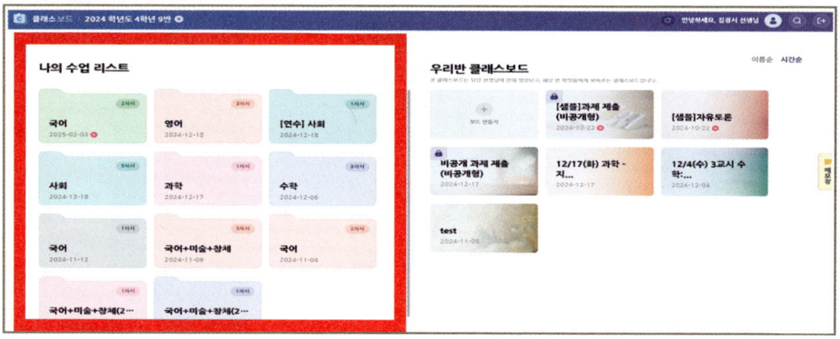

'나의 수업 리스트'에는 하이러닝으로 수업한 모든 차시가 과목별로 분류되어 자동 생성됩니다. 각 차시에는 학생들이 하이러닝 수업에 참여한 내용이 업로드됩니다. 과제 제출여부, 모둠수업 결과물, 화이트보드(판서) 내용, 교재, 사용한 영상, 문제풀이 결과 등을 확인할 수 있습니다.

**Hi TIP**

모둠을 학생 수만큼(예를 들어, 20명인 학급에서는 20개의 모둠을 생성) 설정하면 학생의 활동 결과가 고스란히 자동 기록되어 포트폴리오로서 역할을 할 수 있으며 이는 누적되어 기록되므로 평가 시에도 유용하게 활용하실 수 있습니다.

## ❸ '클래스보드' : ⓑ '우리반 클래스보드' 기능을 활용한 무제한 패들렛 생성

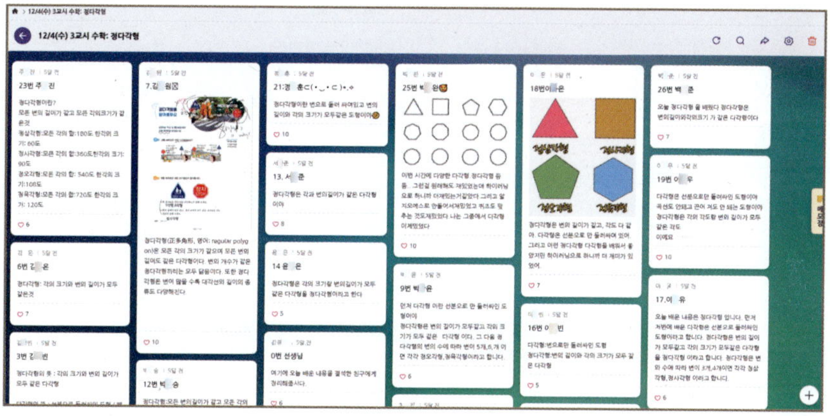


'우리반 클래스보드'는 패들렛과 유사한 기능입니다. 보드에 학생들이 자유롭게 붙임쪽지를 게시할 수 있는 형태입니다. 이미지, 동영상, 카메라, 링크, 파일 등을 첨부하여 등록할 수 있습니다. 다량의 보드를 무료로 이용할 수 있어 편리합니다. 무엇보다 기존의 패들렛과는 달리 붙임쪽지 발행자가 학생의 성명으로 설정되므로 작성자를 쉽게 확인할 수 있다는 것도 큰 장점입니다.

**Hi TIP**

비공개로 제출하는 것도 가능하므로 평가 시에 활용하셔도 좋습니다. 학생 계정에서는 다른 학생의 제출 내용이 보이지 않으므로 첨부파일로 평가지를 제출하도록 하실 수도 있습니다.

## <교수·학습 환류> '성찰' – 수업 피드백 및 의견수렴(게시판, 설문)>

전체 및 일부 학생과 학부모에게 주간학습안내, 알림장, 수업공지 등을 안내하고 설문 등을 통해 의견을 수렴하기 위해 다음과 같은 하이러닝의 기능을 사용할 수 있습니다.

### ❶ '게시판' 기능을 활용한 수업 피드백

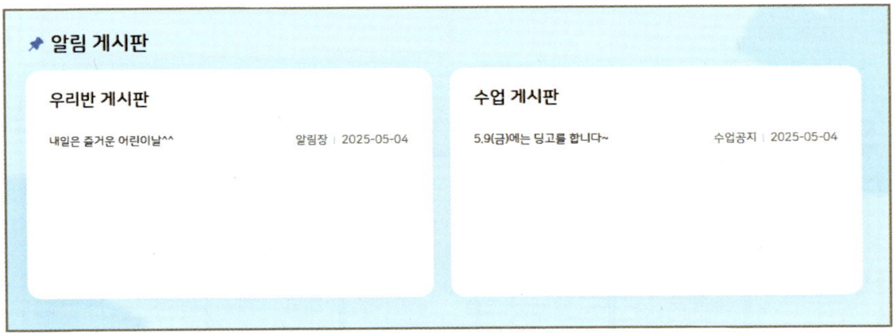


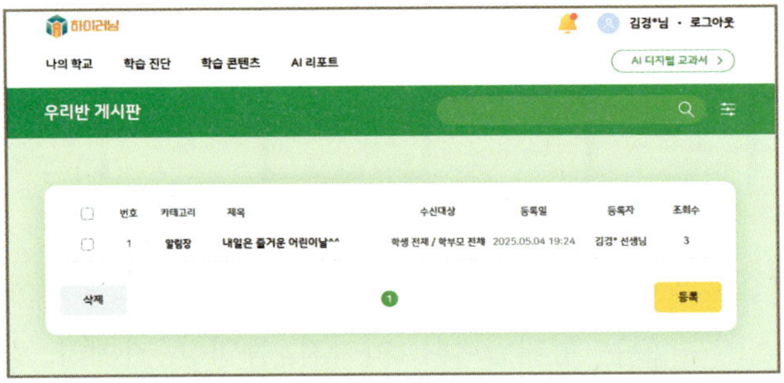

[나의 학교] – [우리반 게시판]

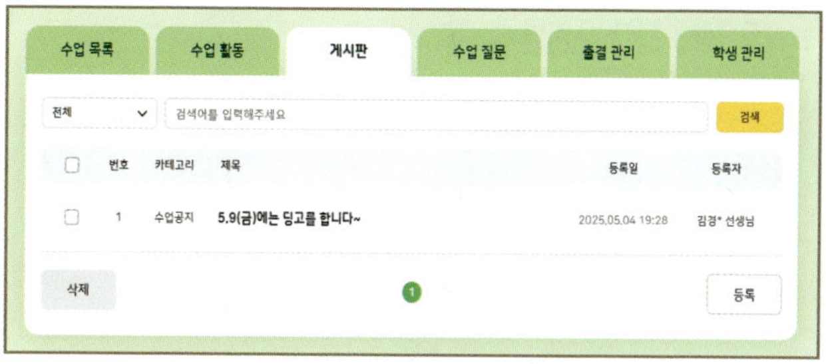

[나의 학교] – [나의 수업] – 과목 선택 – [게시판]

하이러닝에서 사용할 수 있는 게시판에는 '우리반 게시판'과 '수업 게시판'이 있습니다. 두 게시판에 글을 작성된 안내문은 모두 학생의 하이러닝 메인 화면에 게시되어 학생들이 바로 공지를 확인할 수 있습니다. 수업 활용 시에는 수업이 끝날 때마다 게시판에 학생들의 수업 소감이나 배운 내용을 댓글로 남기는 정리 활동을 진행할 수 있습니다. 교사는 이에 답글을 달며 지속적으로 학생들의 배움에 피드백을 진행할 수 있습니다.

**Hi TIP**

게시판에 과제를 제시하고 댓글로 파일을 첨부하여 간단한 과제 수합도 가능합니다. 수업 관련 안내 사항 외에 학급 전반에 관한 안내도 가능하므로 필요 시 학급 소통 채널로도 쓰일 수 있습니다.

## ❷ '설문' 기능을 활용한 의견수렴

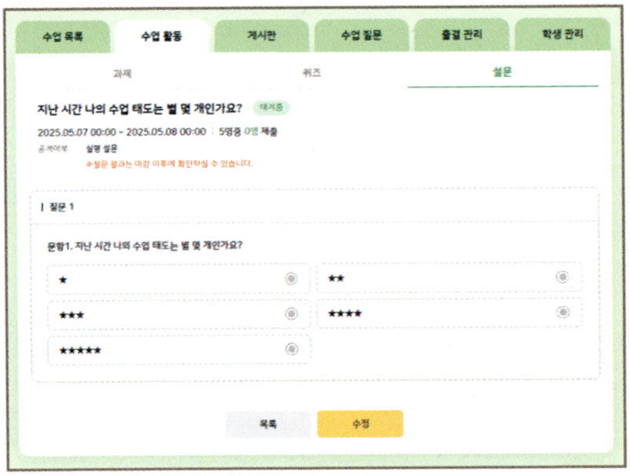


[나의 학교] - [나의 수업] - [수업 활동] - [설문]

설문 기능을 활용하면 학생들에게 익명 또는 실명으로 설문을 마감 기한을 설정하여 설문을 제출받을 수 있습니다. 구글 폼즈와 유사한 기능으로, 수업과 관련하여 학습 내용에 대한 평가뿐 아니라 자신의 수업 태도에 대한 자기 평가도 실시할 수 있습니다. 또한 수시로 필요한 학급 내에서의 의견 수렴도 쉽고 빠르게 처리할 수 있습니다.

**Hi TIP**

학급 내에서 발표왕, 수학 설명왕 등을 선출할 때, 동료평가를 진행할 때 등 사용하면 편리합니다.

PART

# II

# 하이러닝으로 만드는 깊이 있는 수업

1. 교과별 100배 활용하기
2. 전교과 1000배 활용하기
3. 하이러닝을 활용한 놀이수업
4. 맞춤형 학습 및 개별화 활동
5. 교사 기록 및 관리
6. 학급 운영
7. 학습으로의 평가

# 1 교과별 100배 활용하기

## 물감없이 미술하기

학생들이 마음껏 그리고 표현하는 미술 수업, 재료 준비에 부담을 느끼지는 않으시나요?

초등학교 수업에서는 미술 재료를 준비하는 데 많은 시간과 비용이 듭니다. 준비가 미흡하면 수업이 산만해지고, 표현 활동에 제한이 생깁니다. 그런데 '물감 없이' 미술 활동이 가능하다면 어떨까요?

하이러닝의 화이트보드 기능을 활용하면, 디지털 기기만으로도 아이들은 스스로 선을 긋고, 색을 고르고, 형태를 구성하며 자신만의 작품을 만들 수 있습니다. 특히, 그리기 도구, 형광펜, 색채 선택 기능은 실제 물감처럼 섬세한 표현도 가능하게 해줍니다.

여기에 교사가 미리 도안을 만들어 바탕으로 제공하거나, 학생들이 모둠으로 하나의 작품을 릴레이 방식으로 완성하도록 하여 협력적 미술 수업도 가능합니다. 예를 들어 '우리 마을 상상하기'나 '감정 색칠하기' 등의 활동은 종이 없이도 훌륭한 미술 경험이 됩니다.

또한 하이러닝은 학생 개별 작업을 자동 저장하고, 클래스보드에서 작품 모음집을 만들어 전시할 수 있는 기능도 제공합니다. 물리적 교실 한계를 넘어, '디지털 갤러리' 속 학생들의 상상력이 살아납니다.

미술활동에서 표현의 자유와 상상력이 가장 중요하지 않을까요?

하이러닝은 기술이 아닌 창의적 사고를 위한 새로운 도화지가 되어 줄 수 있습니다.

| 창의적 그림 그리기 활동 사진 | 화이트보드에 '감정 색칠하기' 도안 제시 |
|---|---|
| 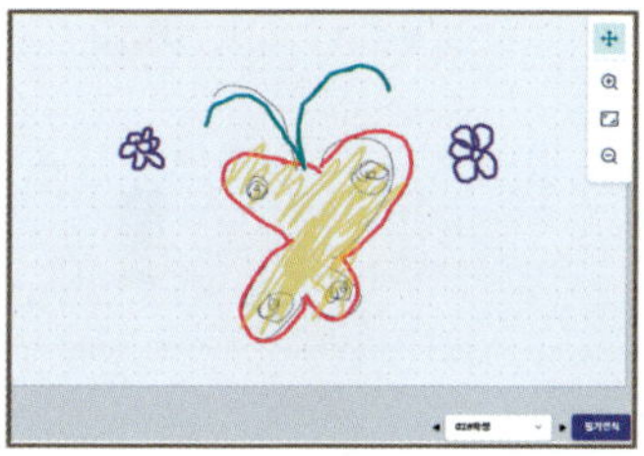 |  |

## 저학년도 도전하는 초간단 하이러닝 체험

아직 디지털 기기에 생소한 저학년은 어떤 에듀테크를 적용하면 좋을까요?

저학년 학생들을 대상으로 에듀테크 수업을 할 때는 사이트 로그인과 수업 입장하기까지 오랜 시간이 걸리는 경우가 많습니다. 학생들의 발달 특성 상, 고도의 심화적인 에듀테크를 다루기는 어려운데요. 이 경우에는 하이러닝의 교재를 도안으로 하여 색칠하기, 하이러닝의 화이트보드에 릴레이 그림 그리기 등의 활동을 통해 쉽게 흥미를 유발하고 기기에 대한 친숙도를 높일 수 있습니다. 하이러닝을 활용해서 이런 수업을 해보면 어떨까요?

### 1 도안 컬러링

하이러닝의 통합학습창에서 교재를 추가하되 이 때 교재로 테두리만 그려진 도안을 선택합니다. 이후 우측 메뉴바의 색깔 및 굵기를 선택해 컬러링을 합니다.

Hi TIP

교재로 추가하는 것이 아니라, 모둠수업으로 모둠을 학생 인원수만큼 생성하면 추후 클래스보드의 우리반 수업리스트에 모든 학생의 작품이 기록되므로 이후 이를 학생들에게 출력해 줄 수도 있습니다.

## ② 학급 릴레이 그림

화이트보드에 1명씩 돌아가며 릴레이로 그림을 그리는 방법도 있습니다. 그림을 그릴 때, 나의 그림이 친구의 화면에 실시간으로 반영되는 모습에 학생들은 큰 흥미를 느끼는 경우가 많습니다. 펜이 아닌 도형으로 그림을 그려도 재미있습니다. 학생들의 의견이 모여 하나의 작품이 완성될 때 보람됨도 경험할 수 있습니다. 우리반 온라인 협동화가 완성되는 셈이지요.

## 가장 간단하지만 의미있는 음악수업

"선생님께서는 음악수업에서 어떤 점이 어려우셨나요?"
"학생들과 어떤 음악수업을 하고싶은가요?"

음악 수업에서는 다른 과목과 달리, 악기나 악보 등 준비물이 없으면 수업에 참여하는데에 큰 어려움이 생깁니다.

매번 악보 출력해주고, 잃어버려서 안타까운 경우가 있지 않았나요? 저도 악보 관리를 하기 어려워하는 학생들이 있어서 매번 출력이나 준비에 시간이 많이 들었던 경험이 떠오릅니다.

하이러닝을 활용하면 악보를 잃어버리지 않게 쉽게 관리하고 찾아서 활용할 수 있습니다. 그러면 학생들이 선생님이 늘 제시하지 않아도 스스로 악보를 찾아 연습을 할 수 있습니다.

음악교육의 목표는 감수성 함양으로, 우리의 음악수업이 노래와 악기 연주의 기능적 차원에 머무르지 않았는지 되돌아봅니다. 학생들이 음악을 즐기고 문화를 향유하는 사람으로 자랄 수 있도록 도와주는 음악수업이 필요할 것입니다.

하이러닝을 활용해서 이런 음악수업을 해보면 어떨까요?

### ❶ 스스로 악보를 보고 연습하는 음악인 수업

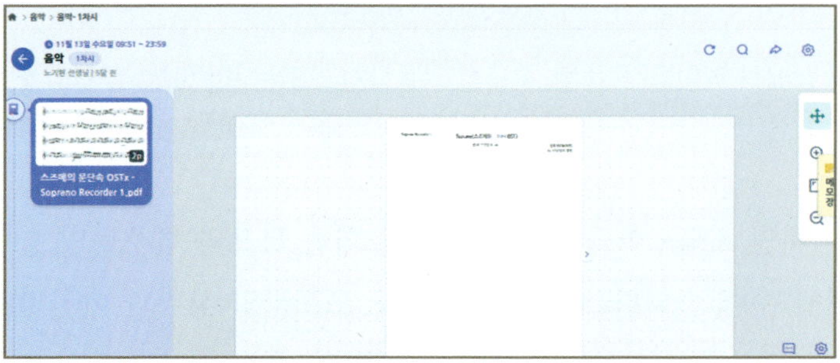


[통합학습창] - [수업교재] - [악보추가]

하이러닝을 활용해서 악보를 저장해두면, 다시 제시할 필요 없이 언제든 학생들이 원할 때 화면으로 보고 연주해볼 수 있어요.

## ❷ 함께 작곡하고 함께 감상하는 살아있는 음악 수업

[웹 URL] - 링크 첨부 - 클릭

크롬 뮤직랩(칸딘스키, 송메이커 등), Blob Opera, Sound Draw, Hookpad, Suno 등 다양한 음악 에듀테크 도구들을 하이러닝과 함께 사용하여 작곡과 감상의 살아있는 음악 수업을 할 수 있습니다.

[url첨부] 기능으로 하이러닝 페이지 내에서 자연스럽게 다른 에듀테크 도구와 연계해 '가장 간단'하면서도 '의미있는' 수업을 실현해 보세요!

## 따로 또 같이, 우리만의 역사신문 만들기

온라인 상에서 개인별, 모둠별, 학급별 공동작업을 하는 방법에는 무엇이 있을까요?

수업에서 개인, 모둠, 학급 단위의 조직은 학습 목표와 학생들의 필요에 따라 유연하게 조정될 수 있습니다. 하이러닝에서도 오프라인 상황과 마찬가지로 개인별,

모둠별, 학급별 활동 등 다양한 단위와 조직으로 수업할 수 있습니다. 하이러닝을 활용해서 이런 활동을 해보면 어떨까요?

## ❶ 개인별 역사신문 만들기

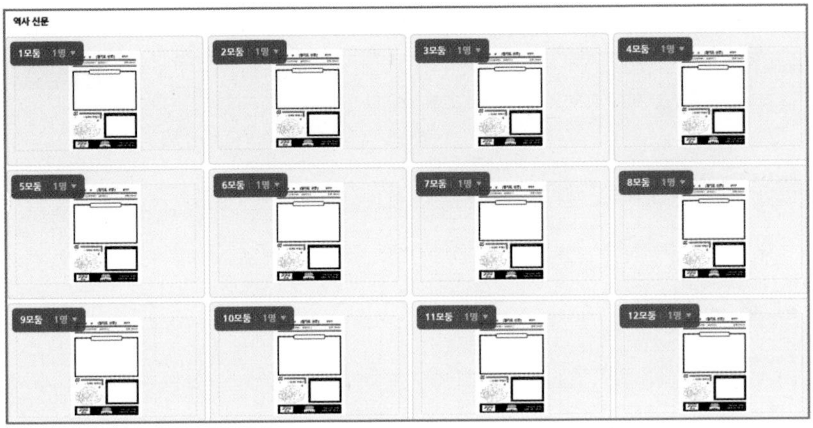


하이러닝의 '모둠/발표' 기능을 활용하여 학생 수에 맞게 모둠 수를 구성합니다. 교사는 교재로 역사신문 틀이나 빈 화면을 추가합니다. 학생 개개인은 자신의 개성에 따라 각자 역사신문을 제작합니다.

## ❷ 모둠별 역사신문 만들기

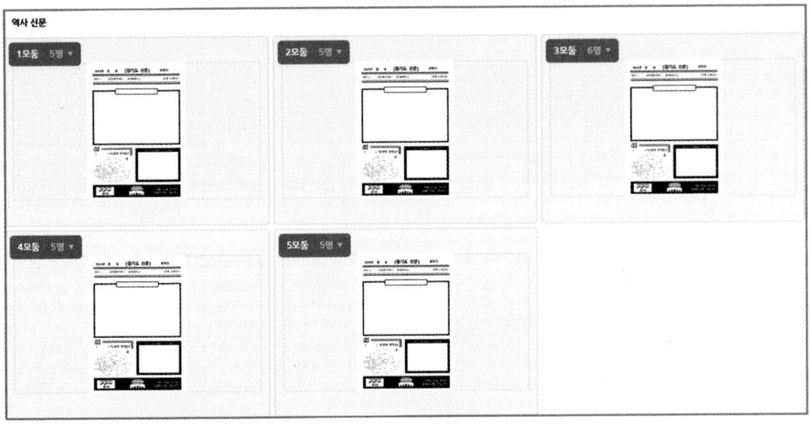

하이러닝의 '모둠/발표' 기능을 활용하여 희망하는 모둠 개수만큼 모둠을 구성합니다. 학생들은 실시간으로 공동 공유되는 화면에 협력하며 모둠별로 역사신문을 제작합니다.

## ③ 학급별 역사신문 만들기

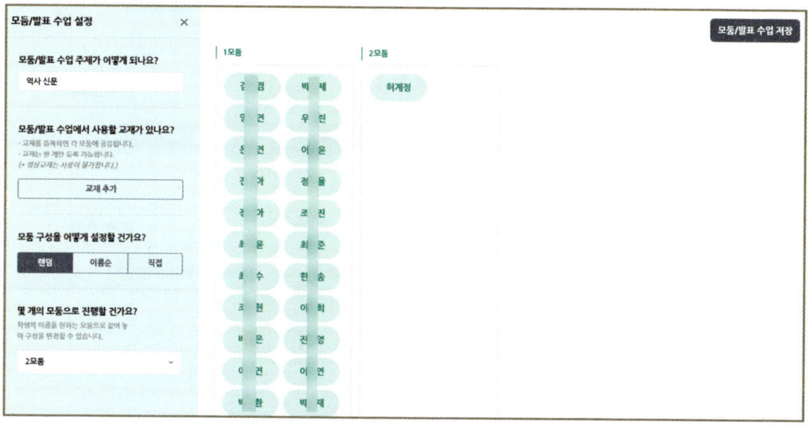


유령 계정(허계정) 1개를 사전에 생성해 우리 학급에 배정해둡니다. 이후 하이러닝의 '모둠/발표' 기능을 활용하여 2개의 모둠을 구성합니다. 1개의 모둠에는 유령 계정 1개를 배정하고, 나머지 1개의 모둠에 학급 학생 전원을 배정합니다. 이를 통해 우리 학급의 역사신문을 제작할 수 있습니다. 그 결과, 우리반 전체를 1개의 모둠에 배정할 수 있게 됩니다.

**Hi TIP**

역사신문 외에 인물신문, 지역신문 등으로도 활용할 수 있습니다. 또한 국어과와 연계하여 문집, 책 등 다양한 방식으로 응용해 제작할 수 있습니다.

## 몰입하는 학습 공간으로 만드는 온책읽기

"몰입하는 국어 수업을 위해 무엇이 필요하다고 생각하시나요?"
"교육 공간(환경)이 학습자의 학습에 미치는 영향은 어느정도일까요?"

온책읽기의 힘과 그 중요성을 부정하는 사람은 찾기 어려울 것입니다. 하지만, 그 어떠한 효과적인 수업 방법과 수업 철학도 학습 목표를 효과적으로 달성할 수 있는 '학습 환경'이 마련되어 있지 않다면, 좋은 수업을 실현하기에는 어려울 것입니다.

교사들은 학생들과 함께 이야기 나누고 싶은 책은 많지만, 현실적으로 모든 책을 구매해서 아이들과 나눌 수는 없습니다. 이때, 하이러닝을 활용해 'E-book' 형태로 학생들과 함께보기 기능으로 학생들이 별도의 실물 책이 없더라도 책을 함께 읽을 수 있습니다.

"선생님 저 화면이 잘 보이지 않아요", "앞 친구 키가 너무 커요". 자그마한 교실 TV 하나에 모든 학생들의 시선을 책임져야 했던 학급 상황. 하이러닝의 통합학습창으로 각자의 태블릿PC 화면을 보기만 하면 학습자들은 기존 학급 환경의 한계를 뛰어넘어 효과적으로 학습할 수 있습니다.

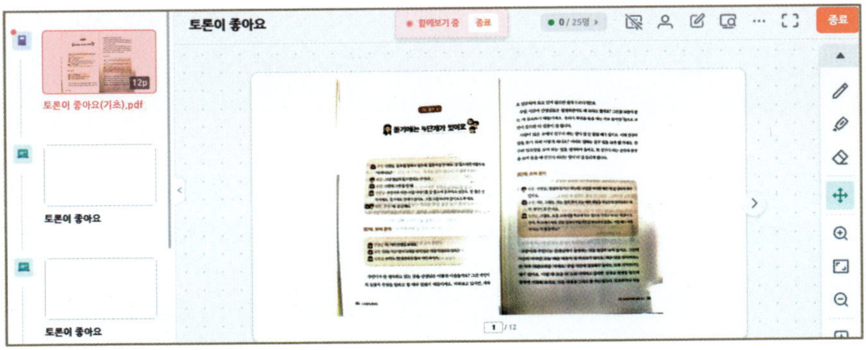


[통합학습창] - [함께보기 활성화] - 파일로 함께 온책읽기

뿐만아니라, 서책형의 경우 공용 책에 별도의 필기를 남기기 곤란했던 것과 달리, 하이러닝을 활용하면 학생들은 기억에 남는 부분을 형광펜으로 체크하거나 궁금한 점을 질문으로 남겨놓을 수 있습니다.

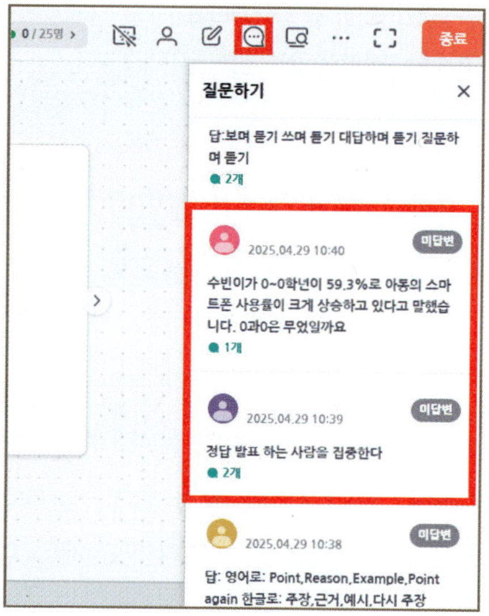


[통합학습창] - [질문하기]

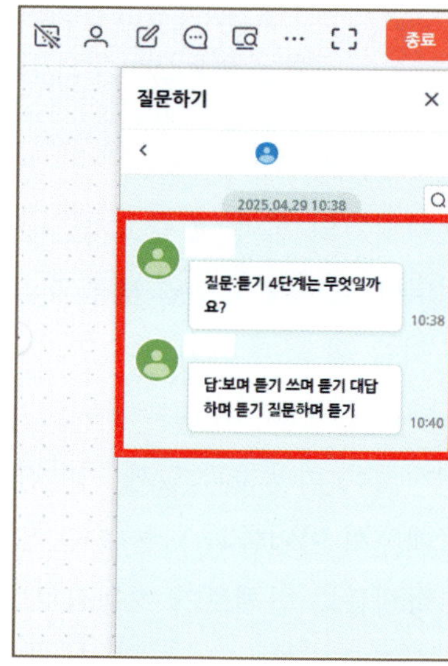


온책읽기 질문 만들기 상세화면

결국, 하이러닝을 통해 학습자들의 학습 환경은 '몰입' 할 수 있는 공간으로 바뀔 수 있으며, 이러한 사소한 변화가 학습자 내면의 사고 확장과 성찰을 크게 도와줄 수 있지 않을까 생각해 봅니다.

## 스마트 각도기, 스마트 자로 학습 준비 끝!

측정 도구를 실제로 준비하지 않고도 대상을 측정하는 일이 가능할까요?

하이러닝을 활용하면 실물 각도기와 자 없이도 온라인 상에서 각도와 길이를 측정할 수 있습니다. 도구의 손실이나 분실 우려가 없고, 준비할 필요가 없으므로 빠르게 수업 진행이 가능합니다.

## ① 스마트 각도기로 각도 측정하기

우측 메뉴 바에 있는 각도기 아이콘을 클릭해 각도를 측정합니다.

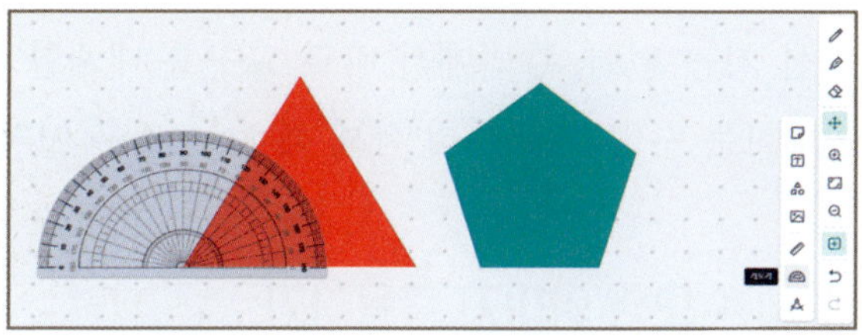

## ② 스마트 자로 길이 측정하기

우측 메뉴 바에 있는 자 아이콘을 클릭해 길이를 측정합니다.

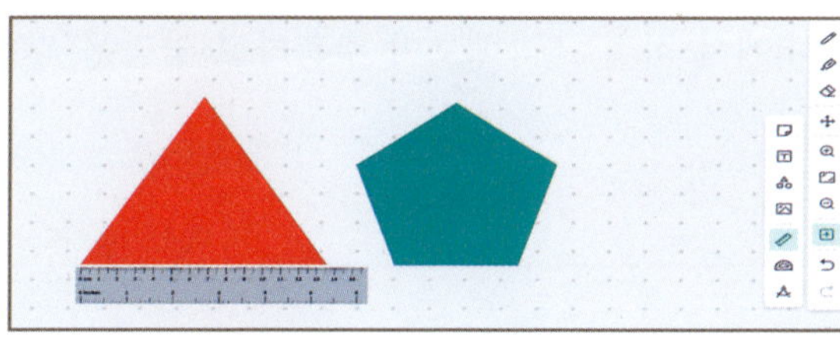

# 교구 없이 깊이있게 사유하는 조작활동

"매 수업때마다 교구를 준비하면서 어려운 점은 없으셨나요?"
"교구를 배부하고 정리하는 시간으로 소중한 수업 시간이 소모되지는 않으셨나요?"
"모둠 간 발표와 전체 학생이 활동의 결과를 발표할 때
한정적인 교구의 사용으로 어려움은 없으셨나요?"

수 개념이나 기하학적 원리를 깊이 있게 이해하기 위해서는 학습자가 직접 모형을 조작하거나 그 과정을 시각적으로 인식하는 것이 효과적입니다. 하지만 현실적

으로 교실 현장에서 교육과정에서 사용되는 모든 모형이나 도구들을 구비하기에는 어려움이 있습니다.

그러나 하이러닝을 활용하면, 이러한 별도의 실물 교구가 없더라도 학생들이 그 원리를 이해하기 쉽게 학습할 수 있습니다. 통합학습창 내에서 이미지를 실시간으로 옮기면서 학습하는 방법을 활용하는 것입니다.

PPT의 애니메이션 기능 없이, 수업에서 바로 교구를 대체할 수 있는 이미지를 움직이며 원리를 이해하는 수업, 지금부터 함께 해 보는 것은 어떨까요?

## ❶ 통합학습창에서 수모형 이미지 활용하기

하이러닝의 통합학습창에서 '화이트보드' 기능이나 '교재추가' 기능에서 교재가 추가된 상황에 외부 이미지를 복사(Ctrl + C)해서 그대로 붙여넣으면(Ctrl + V) 이미지가 복사됩니다. 즉, 별도의 업로드 없이도 이미지를 손쉽게 옮길 수 있습니다. 수모형을 통합학습창 내에서 직접 조작해보며 추측하고 양감을 쌓을 수 있는 계기를 마련할 수 있습니다.

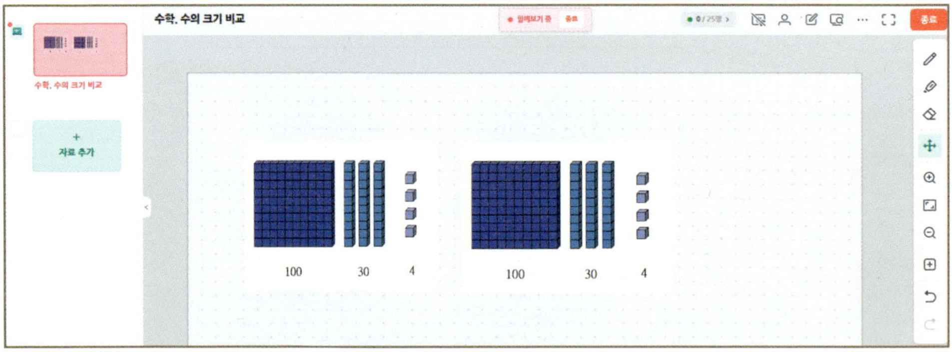


[통합학습창] – [화이트보드] – 수모형 등 교구 조작하기

## ❷ 통합학습창에서 원의 넓이 구하기

학습자가 원의 넓이를 구할 때 보다 직관적으로 이해하기 위해 해당 이미지를 통합학습창 내에서 조작하며 이해할 수 있습니다.

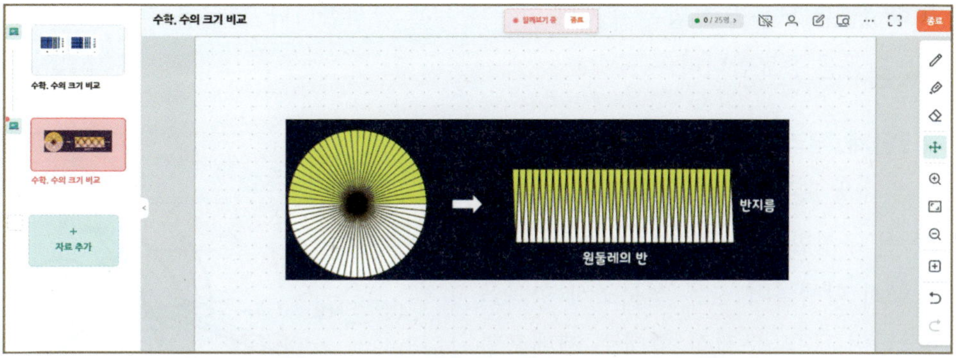


[통합학습창] - [화이트보드] 원의 넓이 조각 조작하기

## 정보로 소통하는 우리, 설문조사 프로젝트 (+1모둠 만드는 법) (수학)

설문조사를 통해 자료를 만들 때 효과적으로 정리하는 방법에는 무엇이 있을까요?

수학의 '자료와 가능성' 영역에서는 자료를 수집, 정리, 해석하는 통계를 다룹니다. 이에 따라 탐구 문제를 설정한 후, 그에 맞는 자료를 수집하여 표와 그래프로 나타내는 활동을 진행하게 되는데요. 하이러닝을 활용해 반 친구들을 대상으로 실시한 설문 조사 결과를 바탕으로 자료로 변환하는 수업을 진행할 수 있습니다.

**1단계. 모둠별 항목 만들기**

모둠별로 큰 주제를 맡아, 설문조사를 할 항목을 정합니다. '통합학습창'의 '모둠/발표 기능'으로 학급 내 모둠을 설정하고, 설문조사용 학습지 이미지 파일을 문제집으로 배부합니다.

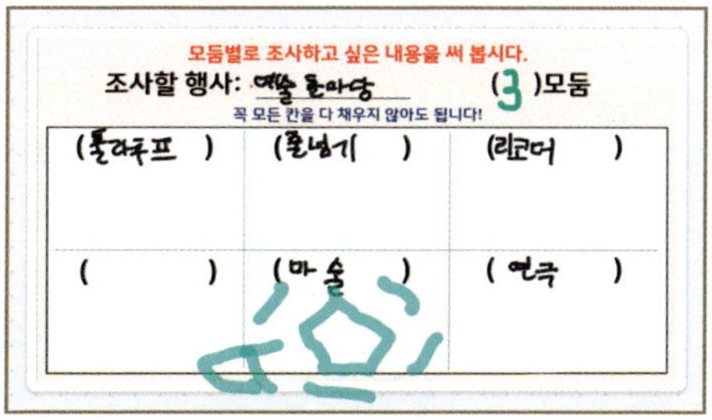

학생들은 모둠별로 맡은 주제에 맞는 항목을 작성합니다. 항목을 작성한 후에는 모둠 활동을 종료합니다.

**2단계. 우리반 설문 조사하기**

우리반 모두가 하나의 모둠이 되도록 모둠을 구성합니다. (하단 HI TIP 참고)

앞서 학생들이 만든 설문조사 항목을 저장하여(캡쳐) 문제집 형태로 재배포합니다. 필기 기능을 사용해 다른 친구들이 만든 설문조사지에 맞게 설문조사를 진행합니다.

**3단계. 설문조사 결과로 그래프 만들기**

설문조사가 끝나면 설문조사 결과에 맞게 모둠별로 표를 만듭니다.

**Hi TIP**

**우리반 1모둠 구성하기 방법**

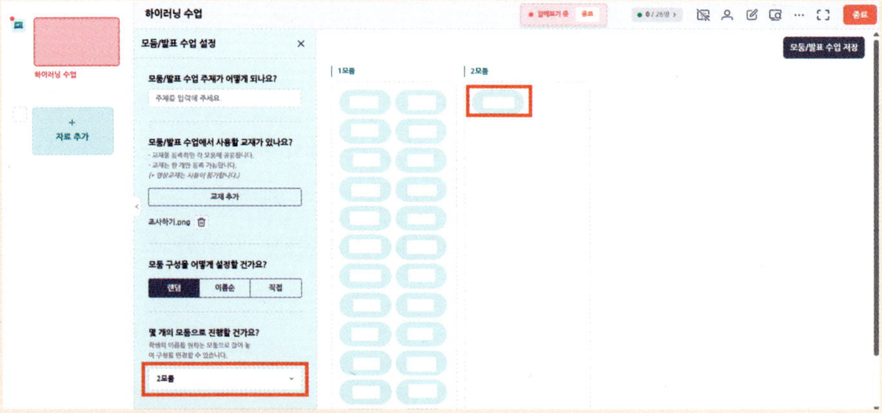


1. 이 방법을 사용하기 위해서는 새로운 유령 학생을 등록해야 합니다. 전학 오는 학생이 있을 수도 있으므로 사용하지 않을 번호와 교사 이름으로 만들어 둡니다.
2. '통합학습창'의 '모둠/발표 기능'에 들어간 후 2모둠으로 설정합니다.
3. 한 모둠에는 우리반의 모든 학생들을, 다른 모둠에는 유령 학생을 배치해 둡니다.
4. 우리반 전체 활동을 클래스보드에 그대로 기록할 수 있습니다.

## 생동감 넘치는 수업 (PPT 애니메이션 효과를 미리 준비할 필요가 없어요)

> 그림을 움직이고, 정답을 감췄다가 보여주기 위해
> PPT 애니메이션 효과를 일일이 설정하고 계신가요?

많은 교사들이 수업 자료를 만들 때, 정답 가림막을 만들고, 그림을 순차적으로 등장시키고, 타이밍에 따라 텍스트를 제시하기 위해 PPT 애니메이션 효과에 큰 시간과 노력을 들이고 있습니다. 하지만 수업 흐름이 조금만 달라져도 애니메이션은 어긋나기 쉽고, '미리 만들어야만 하는 수업'이 되어 교사의 즉흥성과 반응성을 떨어뜨립니다.

하이러닝에서는 이런 애니메이션 사전 작업이 필요 없을 수 있습니다.

하이러닝의 화이트보드, 입력창, 그림 이동 기능은 교사가 실시간으로 무엇을 제시하느냐에 따라 학생 화면에 그대로, 즉시 반영됩니다. 예를 들어, 그림을 한쪽으로 밀면 학생 화면에서도 동시에 이동하고, 글씨를 적으면 그 순간 학생도 함께 볼 수 있습니다.

이것은 교사의 수업 진행 자체가 애니메이션이 되는 효과를 만들어냅니다.

정답 가리기를 위해 회색 사각형을 준비할 필요도 없습니다. 화이트보드에 글을 덧씌웠다가 지우는 것만으로도 충분히 정답 노출 타이밍을 조절할 수 있습니다.

| 실시간 애니메이션 사진 | 정답 가리기 예시 사진 |
| --- | --- |
|  | 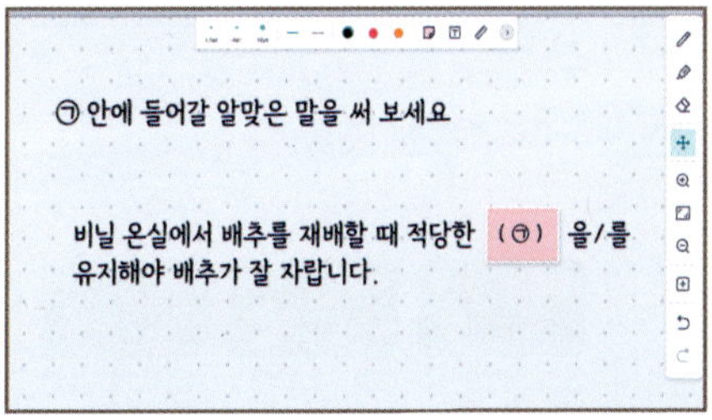 |

더 나아가, 학생들이 그림을 옮기고 발표하는 활동 역시 교사와 학생이 동일한 판에서 함께 작업하고 수정할 수 있어 더욱 몰입감 있는 수업이 가능합니다.

## 검색 없이, 클릭 한 번으로 만나는 공신력 있는 수업 콘텐츠 (EBS 영상 활용)

수업과 어울리는 좋은 영상, 매번 검색창에서 헤매고 계시진 않나요?

수업 중에 영상 자료를 활용하면 이해도가 높아지고, 학습 흥미도도 올라갑니다. 하지만 어떤 영상을 써야 할지, 수업 내용과 정확히 맞는지를 고민하다 보면 유튜브나 포털을 헤매는 시간이 늘어나고, 수업과 영상이 따로 노는 경우도 많습니다.

하이러닝은 이 문제를 간단히 해결해 줍니다. 하이러닝에서는 교과별, 단원별, 차시별로 연계된 EBS 학습영상 자료를 자동으로 추천해 줍니다.

특히, 단원 페이지에 들어가면 교사가 따로 검색하지 않아도 관련된 공신력 있는 EBS 콘텐츠가 화면에 바로 제시되어 클릭 한 번으로 수업에 활용할 수 있습니다.

이 영상들은 교육과정에 충실한 내용과 수준으로 제작되어 있어, 수업 시간에 활용해도 전혀 무리가 없고, 학생들이 혼자 복습하거나 예습하는 자기주도 학습용 자료로도 매우 효과적입니다.

단원과 연계된 맞춤형 EBS 영상 자동 추천

자기주도 학습 자료 EBS 영상

교사는 수업 도입에서 개념을 안내하거나, 개념 정리 후에 심화 학습용으로 이 영상을 자연스럽게 활용할 수 있으며, 학생들은 집에서도 하이러닝 플랫폼을 통해 해당 영상을 다시 보며 학습 내용을 정리할 수 있습니다.

## 수업 준비는 집에서 미리, 이제 거꾸로 수업 쉽게 가능해요

학생들이 교과서를 집에 가져가지 않고도, 예습을 해올 수 있다면 어떤 수업이 가능할까요?

"교과서를 집에서 읽다가 깜빡 두고 왔어요."

"어제 미리 읽어오라고 했던 부분을 보지 못했어요."

많은 선생님들이 이런 말을 들어봤을 것입니다. 실제로 초등학교 고학년이 되면 교과서만 해도 가방이 무겁고, 집에 가져간다고 해도 대부분의 학생은 교과서를 예습용으로 활용하지 않습니다. 자연히 수업은 항상 처음부터 교사의 안내나 설명으로 시작해야 하는 구조가 되고, 교실에서 할 수 있는 활동의 폭은 줄어들 수밖에 없습니다. 그러나 하이러닝을 사용하면 이런 구조를 완전히 바꿔놓을 수 있습니다.

하이러닝에서는 교사가 다음 수업에 필요한 교과서 PDF, 학습지, 생각 거리 등을 미리 업로드할 수 있습니다. 학생은 학교에서나 집에서나 디지털 기기만 있다면 언제든 접속해 자료를 읽고 준비할 수 있고, 학습 전 질문을 메모하거나, 채팅으로 생각을 남길 수도 있습니다.

이러한 학습 구조는 자연스럽게 '거꾸로 수업'(Flipped Learning)으로 연결됩니다. 교실 수업에서 더 이상 학습 내용을 처음부터 모두 설명할 필요가 없기 때문에, 탐구, 토의, 협력, 표현 등의 활동 중심 수업으로 전환할 수 있습니다. 특히 초등 고학년 이상에서는 자료를 미리 읽어 온 예습과 시청각 자료 시청을 바탕으로 교실에서의 활동과 피드백이라는 흐름이 가능해집니다.

예를 들어, 과학 수업에서 '자석의 성질'을 다룰 때, 교사는 관련 교과서 pdf 자료와 하이러닝이 제공하는 EBS 영상을 함께 올려둘 수 있습니다. 학생들은 집에서 교과서 내용을 읽고, EBS 영상을 시청하면서 기본 개념을 스스로 익힌 후, 교실에서는 자석을 이용한 탐구 실험이나 문제 해결 활동에 집중할 수 있게 됩니다.

이는 단순히 '시간을 아끼는 것'을 넘어, 학생의 자기주도적 학습 태도를 키우고, 교실에서의 활동을 질적으로 깊이 있게 만드는 구조적 전환입니다.

Hi TIP

<하이러닝으로 교과서 미리 읽어오기, 이렇게 해보세요>

- 교사: 수업 전 하이러닝에 '학습 자료 + 생각 질문'을 업로드하고, 간단한 학습 안내 메시지를 작성
- 학생: 하이러닝 접속 후 자료 열람 → 생각 정리 → 질문 남기기
- 수업 중: '이론 설명 최소화', '학습 내용 검토 → 탐구 활동 전개' 구조로 수업 전개
- 활용 보완 : EBS 영상 자료와 병행해, 개념 이해도를 시각적으로 보완

이제 교과서를 펴는 수업'이 아니라, 미리 읽어오는 수업으로 전환해볼 필요가 있습니다. 하이러닝은 교과서의 물리적 제약을 뛰어넘어, 학생의 시간과 장소에 구애받지 않는 학습 준비를 가능하게 합니다. 이제 교실에서의 시간은 '설명'보다 '질문과 대화'로, '암기'보다 '탐구와 표현'으로 바뀌어야 하지 않을까요? 하이러닝은 이 변화를 시작할 수 있는 가장 쉽고 실용적인 도구입니다.

## 모둠별 별별 학습지 배부와 빈틈없는 모니터링의 비결

모둠수업에서 학습지를 배부하고 모니터링할 때, 어떤 점이 어려우셨나요?

하이러닝을 활용한 모둠수업에는 편리한 점들이 많습니다. 하지만 학습지를 제

공할 때 학생 전원에게 1개의 첨부파일만 일괄 배부하도록 설정되어 모둠별로 서로 다른 학습지를 제공하고 싶을 때 어떻게 배부할 지 고민이 되기 마련입니다. 모둠명이 숫자로 나타나 모둠에 속한 학생이 누구인지, 누가 어떻게 활동 중인지를 실시간으로 파악하면 좋겠다는 생각도 듭니다. 이러한 때에 하이러닝을 활용해 이렇게 수업을 해보면 어떨까요?

## ❶ 학습지 선 병합 후 합본으로 모둠별 다른 학습지 배부하기

학습지(교재)를 배포하기 전, 교사는 학습지를 제작합니다. 이때, 모든 모둠의 학습지를 하나의 파일로 병합함으로써 모둠별로 서로 다른 학습지를 제공할 수 있습니다. 교재 업로드 시 학생들에게 모든 모둠의 학습지가 담긴 전체 파일을 배포하되, 자신의 모둠에 해당하는 쪽만 작성하도록 하는 것입니다. 이를 통해 하나의 파일을 업로드하지만 모둠별로 서로 다른 학습지를 제공하는 것이 가능합니다.

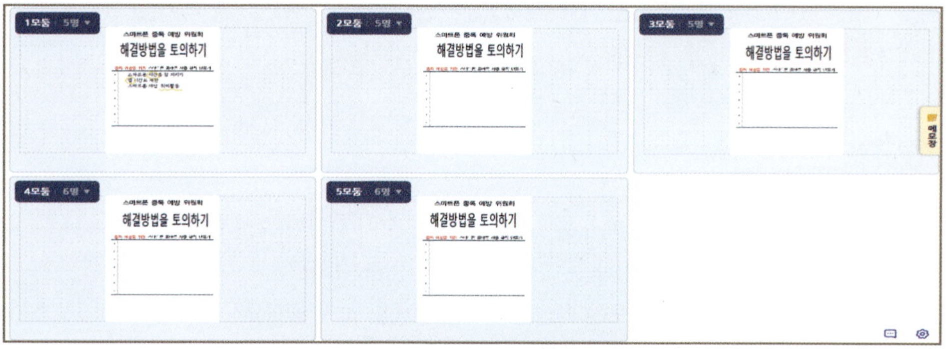


5개의 모둠에 5쪽분량의 합본을 제공하지만,
각 모둠 학생들은 자신의 모둠에게 할당된 쪽을 활용함.
이 사진에서 1모둠만 1쪽을 활동하고, 다른 모둠은 다른 쪽을 활동하였으므로
2~5모둠은 공란인 상태

※ 2025.6. 기준 하이러닝 시스템이 개선되어 모둠별 다른 학습지를 배부할 수 있도록 기능이 향상되었습니다.

## ② 학습지에 이름 칸 포함해 빈틈없는 모니터링하기

교사가 학생들의 모둠활동을 모니터링할 때 교사의 화면창에서 모둠명이 숫자로 나오게 되므로 모둠원 학생 이름을 바로 확인하기 어렵습니다. 이러한 경우를 대비하기 위해 모둠활동 시 교사가 모둠원이 누구인지 쉽게 확인할 수 있도록 학습지에 이름 쓰는 칸을 만들 것을 권장합니다. 이를 통해 교사는 자리에서 각 모둠에 속한 학생들의 활동을 실시간으로 파악해 효과적으로 피드백할 수 있습니다.

**Hi TIP**

한 모둠에 할당되는 학습지가 여러 쪽인 경우에는 모든 쪽에 이름 쓰는 칸을 작성하도록 해도 좋습니다.

## 웹URL을 활용한 개별화 수업으로 학생별 학습 속도 차이 극복하기

모두 다른 학습 속도를 지닌 학생들이 모인 하나의 교실 안에서
선생님은 어떤 속도로 수업하시나요?
어떻게 모든 학생의 속도를 존중할 수 있을까요?

학생마다 고유한 학습 속도와 능력이 다르므로 학생들은 자신에게 적합한 속도로 학습할 때 이해가 극대화되고 이 때 학습 동기도 증진됩니다. 개별화된 접근은 학생들의 잠재력을 최대한 발휘하도록 돕고, 학습의 질을 높이는 데 기여합니다.

간편하게 웹URL을 제공함으로써 모든 학생이 자신의 학습 속도를 존중받고 자신만의 빠르기로 배움을 확장하는 것. 전체보다 개인에 집중하여 서로 다른 속도 차이를 극복해 모두가 목표에 도달하는 과정에서 학생들은 배움 그 이상의 가치를

배울지도 모릅니다. 하이러닝을 활용해서 이런 수업을 해보면 어떨까요?

## ❶ 바느질 등 실습

초등학교 5학년 실과 수업에서 학생별로 웹URL을 클릭해 바느질 실습 영상을 개별적으로 시청하게 하면, 학생들이 자신의 학습 속도에 맞춰 어려운 부분을 반복하거나, 빠르기를 개별적으로 조절하며 학습할 수 있어 이해도가 높아집니다. 또한, 이는 자율적인 학습을 촉진해 학생의 주도성이 향상될 수 있습니다. 그 결과, 더 효과적으로 기술을 습득할 수 있습니다.

Hi TIP

교실 TV나 스크린이 작아 뒷자리의 학생들이 잘 보이지 않던 문제를 해결할 수 있습니다.

## ❷ 블록 기반 코딩

컴퓨팅 사고력 증진을 위한 엔트리, 스크래치 등의 코딩 수업에서 일련의 순서와 과정을 설명해야 하는 경우가 있습니다. 순서와 과정이 길어짐에 따라 학생별 학습 속도의 차이가 확연하게 드러납니다. 이러한 경우에도 웹URL을 제공해 학생별 학습 속도 차이를 극복한 수업을 진행할 수 있습니다. 배움이 느린 학생도 소외받지 않고 자신감을 가지고 참여할 수 있도록 블록 기반 코딩 수업에서도 자신만의 속도로 학습할 수 있습니다.

## 디지털 기반으로 하는 계기 교육으로 자기주도 학습 역량 강화

디지털 자료를 활용한 계기 교육을 학생들이 자기주도적으로
학습하려면 어떤 방법이 있을까요?
계기 교육을 통해 단순한 개념 습득이 아니라 배운 내용으로
새로운 질문을 만들어 낼 수 있는 디지털 환경을 어떻게 설계할 수 있을까요?

매년 하는 계기 교육은 학생들의 수준을 고려해서 진행이 되고 있으신가요? 학교에서는 굉장히 많은 계기 교육을 실시해야 합니다. 그러나 계기 교육은 중요도에 비해 휘발성이 강하고 전달력을 높일 수 있는 학습 방법을 고안하기에 어려움이 있습니다.

하이러닝을 활용하면 매년 하는 계기 교육을 학생들이 자신의 속도에 맞게 학습하고 정리하는 시간을 가질 수 있습니다. 이를 통해 학생들은 자기주도학습 역량을 함양시킬 뿐 아니라 조금 더 의미 있는 계기 교육을 실시할 수 있습니다.

계기 교육 시에 다양하게 활용되는 영상 자료와 학습 자료를 하이러닝 상에 등록할 때 공유 범위를 설정하여 동학년 간, 학교 내에서 공유하여 공통 교육과정으로도 운영할 수 있습니다. 또한 에듀테크 도구와 연계하여 학생들이 쉽게 배울 수 있도록 구성할 수 있습니다.

## ❶ 장애 이해 교육 실시하기

하이러닝의 학습 콘텐츠에 '영상' 및 '교재'로 등록하여 학생들에게 배포하여 계기 교육을 자신의 학습 속도에 맞게 활용할 수 있도록 안내합니다. 영상 자료를 학습 콘텐츠로 등록하여 배포하면 개인별로 학습 도달도를 확인할 수 있기 때문에 실시간으로 교사는 참여도를 확인할 수 있으며 집중도 있게 수업을 운영할 수 있습니다. 또한 자료를 공유함으로써 학교 공통교육과정으로 운영하여 의미가 있고 학년별, 수준별로 연계되는 활동으로 구성할 수 있습니다.

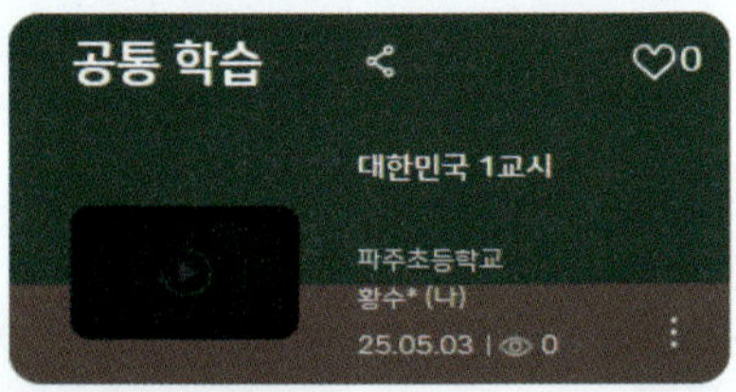


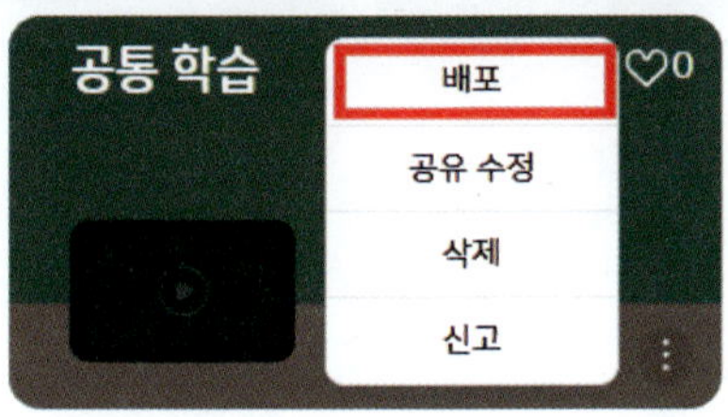


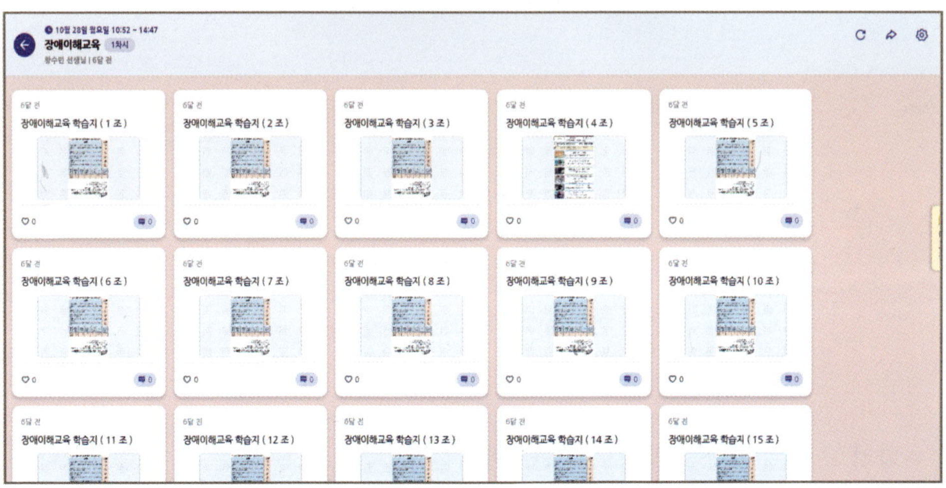

## ❷ 재난 대피 교육 실시하기

재난 대피 교육 실습 전과 후에 할 수 있는 자료를 활용하여 교육의 효과를 높이고자 했습니다. 매년 이루어지는 재난 대피 교육에 대하여 아이들이 경각심을 가지지 않고 교육에 참여할 수 있는데 하이러닝을 활용해서 심도 있는 복습 및 탐구 수업을 할 수 있도록 구성할 수 있습니다.

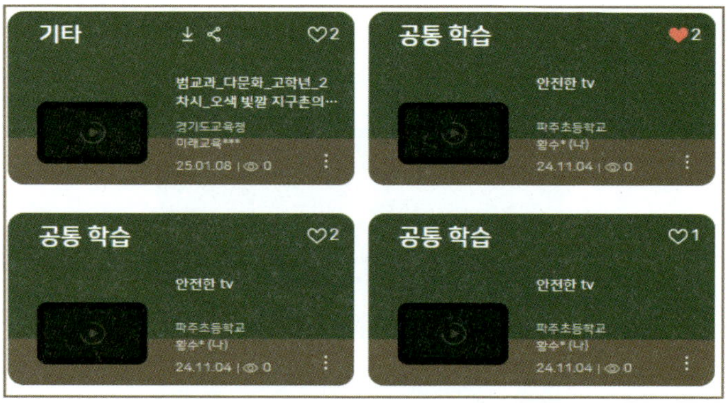


**Hi TIP**

하이러닝 상에서 다양한 콘텐츠를 활용 혹은 공유하여 의미있는 계기교육을 할 수 있습니다.

## 새로운 나, 새로운 친구, 설레는 시작(학기 초 활동)

> 처음 만난 친구들과 친해지기 위해 어떤 방법이 효과적일까요?
> 학기 초 활동을 더욱 의미 있게 만들기 위한 방법에는 무엇이 있을까요?

학기 초에는 학생들이 새로운 환경에 적응할 수 있도록 돕는 것이 중요합니다. 더불어 학기 초 목표를 설정하고 다짐하는 과정은 한 해의 학습과 생활을 계획하는 데에 의미 있는 경험이 됩니다.

하이러닝을 활용해서 이런 활동을 해보면 어떨까요?

## ❶ 자기소개 활동

하이러닝의 '모둠/발표' 기능을 활용하여 학생 수에 맞게 모둠 수를 구성합니다. 학생들은 화면에 자신을 표현할 수 있는 그림을 자유롭게 그립니다. 이후 한 명씩 그림을 보며 친구의 특징을 유추하고 자기소개를 진행할 수 있습니다.

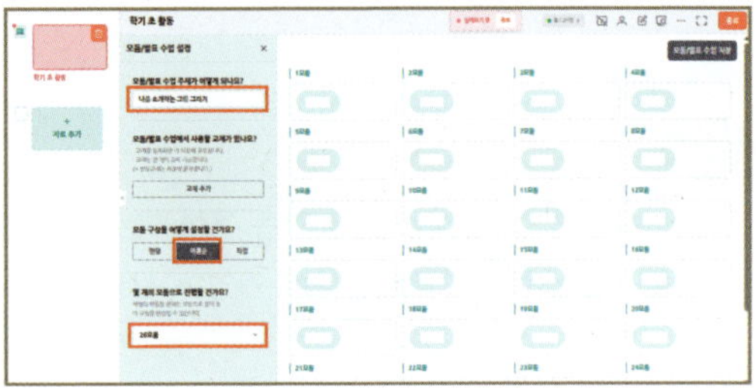

## ❷ 네 이름은? 이름 맞추기 활동

하이러닝의 '화이트보드' 기능을 활용하여 교사가 화면에 한 학생의 초성을 제시하면, 학생들은 이를 보고 전체 이름을 완성합니다. 교사는 모니터링 기능으로 친구의 이름을 완성한 학생을 확인합니다.

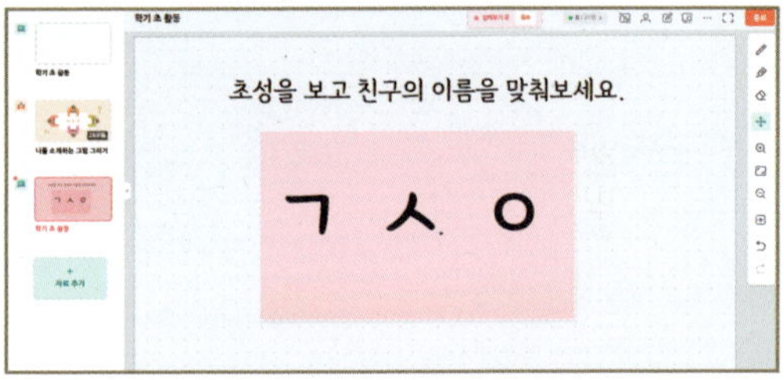


## ❸ 우리반의 타임머신

미래의 자신에게 편지를 쓰거나 손바닥 모양을 그리는 등의 활동을 하이러닝을 통해 진행할 수 있습니다. 작성한 자료는 '클래스보드'에 저장하여 학기 말에 다시 확인할 수 있도록 합니다. 이를 통해 학생들은 자신의 성장 과정을 되돌아보고 학기 초의 다짐을 되새길 수 있습니다.

**Hi TIP**

하이러닝 수업 개설 시 과목 명을 '창체'로 개설하고, 창체 과목 안에서 수업을 개설하여 '학기 초 활동'으로 수업을 설계하면 다른 수업과 쉽게 구분하여 관리할 수 있습니다.

# 2 전교과 1000배 활용하기

## 깊이 있는 수업의 본질을 찾는 '종이 대체하기'

"학생들에게 깊이 있는 성찰과 성장을 독려하는 데에
우리 교사들에게 필요한 핵심적인 것은 무엇일까요?"
"그렇다면 혹시, 종이 자료를 준비하고 배부하는 데
드는 시간이 수업의 핵심에 어떠한 기여를 하고 있나요?"

수업 현장에서 학생들에게 적극적인 수업 참여를 유도하기 위해 가장 많이 만드는 것이 바로 '종이 학습지'일 것입니다. 우리 학교 현장에서는 이 '종이 학습지'의 구성과 제작뿐만 아니라 수십, 수백 명 분량을 직접 출력하고 들고다니며 배부하는 데 많은 시간과 노력을 쏟습니다. 혹여나 잘못 출력되거나 깜빡 잊었을 경우에는 원활한 수업 진행을 위해 또 그만한 시간과 노력을 들여 종이 학습지를 준비합니다.

하지만, 학생들에게 보다 깊이 있는 성찰과 성장을 독려하는 데에 정말로 중요한 것은 무엇일까요? 종이 자료를 준비하고 배부하는데에 너무 많은 시간을 쏟고 있지는 않았을까요?

하이러닝을 활용하면 종이 출력물을 더 이상 준비할 필요가 없습니다. 수업 자료 제작을 완료하면, 통합학습창 내에 [자료추가]를 통해 자료를 등록하고, 학생들은 수업 중 하이러닝을 활용해 학습지를 사용할 수 있습니다. 복습도 더 쉬워집니다. 클래스보드에 들어가 오늘 진행한 수업을 간단하게 다시 확인할 수 있습니다.

[자료추가] - [수업교재]

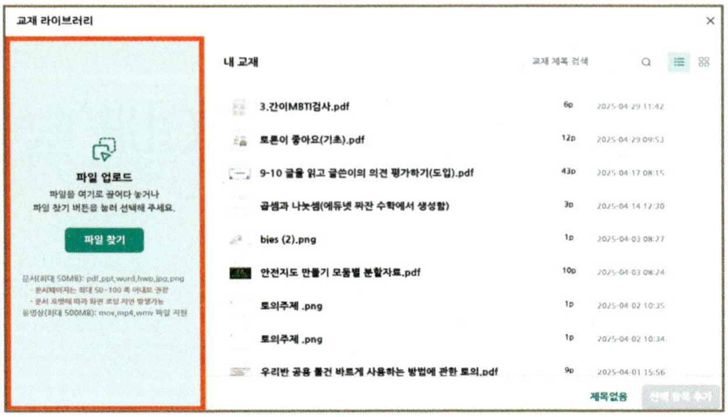


[파일찾기] - 종이 학습지를 파일 형태로 등록

교사는 질 좋은 수업을 준비할 수 있는 시간을 더 확보하고, 수업 시간에는 학생들이 참여할 수 있는 시간을 더 확대할 수 있는 선택이 아닐까요?

## 오늘은 내가 우리반 꼬마샘이 되어보자

> 학생 스스로 배운 내용을 구조화하고 표현하는 과정을 수업에서
> 어떻게 구현할 수 있을까요?
> 학생들 간, 교사와 학생 간의 소통이 활발한 수업이
> 되기 위해서는 어떤 수업의 방법을 사용하는 것이 좋을까요?

학생들이 주도적으로 참여하고 이끌어나가는 수업, 모든 선생님이 원하고 매번 시도하는 방향이지 않으신가요? 학생 주도 수업이 점점 더 중점화되고 있는 교육 현장에서 교사가 아닌 학생이 수업을 이끌어가는 수업을 만드는 것은 많은 교사들에게 고민거리가 된 것 같습니다.

하이러닝의 발표 기능을 활용하면 학생 주도 수업을 쉽게 할 수 있습니다. 자신의 자리에서 자신의 학습 과정을 설명하고 친구들에게 질문에 답하는 것이 가능합니다. 그리고 수업에 대한 자기 생각을 논리적으로 정리하는 역량과 스스로 탐구하

는 학습 습관을 키울 수 있습니다.

교사는 학생들의 발표 내용을 실시간으로 확인하고 수시 평가 및 피드백을 할 수 있고 학생들은 자기평가와 동료 가를 할 수 있어 스스로 발표 내용을 보완하고 발전시킬 수 있습니다. 그러면 이제, 하이러닝을 활용해서 쉽게 학생 주도 학습을 도전해보시는 것이 어떠세요?

## ❶ 지정 발표시키기 기능으로 개인/모둠 발표하기

하이러닝의 '지정 발표시키기' 기능으로 학생이 주도적으로 수업을 이끌어 나갈 수 있습니다. 조사 학습, 탐구 학습, 프로젝트 학습 등에서 결과물을 발표하고 교사나 친구들의 질문에 대해 자신의 자리에서 설명할 수 있습니다. 협력 학습을 실시할 때에는 모둠별 자료에 대해 돌아가며 설명하는 것이 가능합니다.

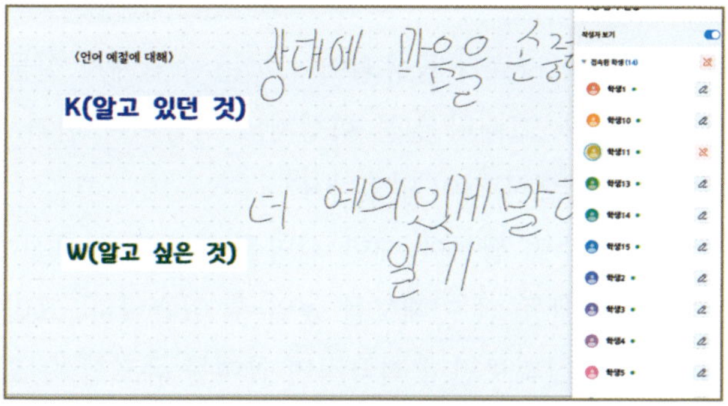


## ❷ 전체 발표시키기 기능으로 학습 성찰하기

교사의 평가 외에도 학생들의 자기 평가와 동료 평가를 실시할 수 있습니다. 평가지를 하이러닝에 기재하고, 자신에게 해당하는 항목에 표시하고 이유를 설명하는 시간을 통해 자신에 대해 성찰하는 기회를 갖습니다.

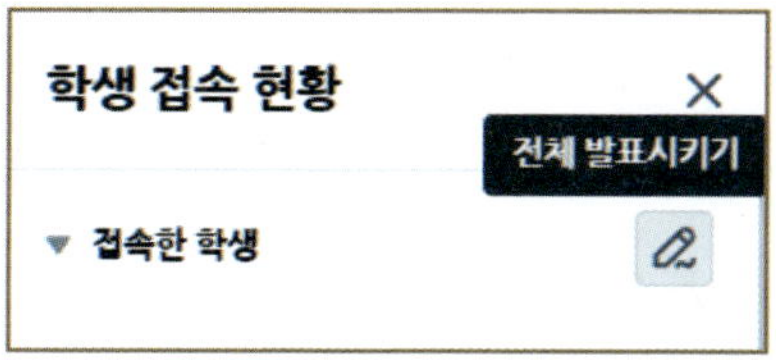

**Hi TIP**

학생들이 하는 질문은 채팅이나 메모 기능을 활용하여 발표를 듣는 동안 준비하도록 하면 수업 진행에 도움이 됩니다.

## 실물화상기에서 디지털 발표로 변화하는 스마트한 수업

학습의 결과물을 함께 공유하는 방법은 어떤 것이 있을까요?
디지털 교구를 활용한 발표 수업 중 어떤 방법이 학생들의 집중도를 높일 수 있을까요?

시연이 필요한 수업이나 자료가 공유되어야 하는 수업에서 실물화상기는 꼭 필요한 존재 중 하나였습니다. 그러나 실물 화상기의 성능이나 번거로움으로 인해서 수업의 진행에 어려움을 겪으신 적이 없었나요?

하이러닝을 활용하면 수업 활동에 대한 설명을 학생들이 자신이 스스로 확대/축소하여 탐색할 수 있어 활동 전 이해도를 높일 수 있습니다. 그리고 자신의 속도에 맞게 활동 방법에 대해 살펴보면서 적극적인 참여를 유도할 수 있습니다.

교사가 지정한 학습 결과물을 공유하는 것이 가능하기 때문에 발표를 할 때에 집중도를 높이고, 학생들이 주도하는 수업을 만드는 데에 도움이 됩니다.

### 1 창작활동 및 조형 활동 설명하기

하이러닝의 '함께 보기' 기능을 제한하여 학생들이 자신이 자세하게 탐구하고 싶은 부분을 확대하여 볼 수 있고, 자신의 속도에 맞게 다음 설명으로 넘어갈 수 있으며 '화면 맞춤' 기능을 활용해서 화면에 맞게 정렬하여 축소할 수 있습니다. 이러한 기능을 통해 학생들이 창작 활동이나 조형 활동 방법을 이해하는 데에 도움이 되며 활동 전 준비도와 집중도를 높일 수 있습니다.

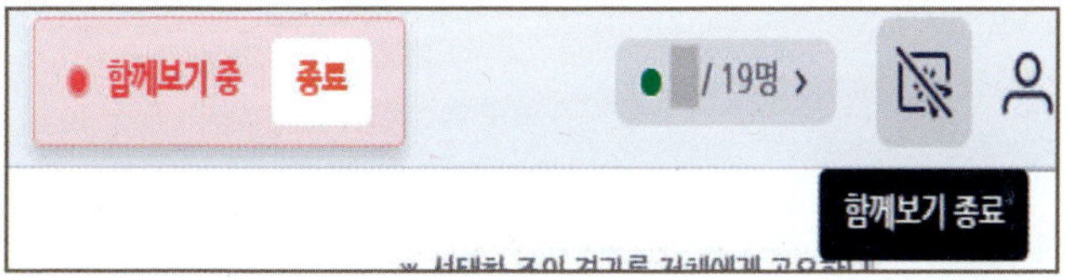

## ❷ 모둠수업 자료 공유하기

모둠수업 시에 학습의 결과물을 공유하는 것은 '입장하기' 기능을 통해 할 수 있습니다. 교실의 전체 화면에 해당 모둠의 학습 결과물을 띄워놓고 발표를 진행할 수 있으며 학생들은 함께 보면서 동시에 피드백과 수정이 가능합니다.

**Hi TIP**

각 모둠별 학습 결과는 모둠수업을 하는 동안에 다른 모둠으로 옮겨갈 수 없기 때문에 교사의 화면에서 해당 모둠에 입장하여 결과물을 보여주도록 합니다. 해당 모둠은 자신의 자리에서 결과물을 설명하고 수정, 보완할 수 있습니다.

## 학생의 속도에 맞춰 흐르는 맞춤형 수업

모든 학생이 뒤처지지 않고 수업의 흐름을 따라오고 있다고 느끼시나요?

전통적인 수업에서는 교사의 설명을 따라야만 학습이 가능했습니다. 수업은 때때로 설명하고, 활동하고, 다음으로 넘어가는 흐름을 갖는 경우가 있습니다.

어떤 학생은 이미 다 이해했는데도 기다려야 했고, 어떤 학생은 아직도 첫 줄을 보고 있는데 수업은 이미 다음 단계로 넘어가 버리곤 했습니다.

이러한 속도 차이는 교실 속 숨은 격차를 만들고, 학생의 자존감과 수업 참여도에 영향을 줍니다.

하이러닝에는 교사가 학생 화면을 통제하며 수업을 이끄는 '함께 보기' 기능이 있습니다. 교사가 중심이 되어 설명이 필요한 화면을 학생에게 똑같이 보여줄 수 있기 때문에, 특히 설명이 중요한 도입 단계나 실험 방법, 활동 안내 등에 매우 효과적입니다. 함께 보기를 통한 교사의 화면 통제 방식은 교사의 수업 진행의 몰입감을 높이는데 참 좋은 방법입니다.

그러나 이 방법과 더불어 '함께 보기'를 끄는 것도 좋은 수업 방법이 될 수 있습니다. '함께 보기'를 종료하면, 학생은 교사가 제공한 PDF, 그림, 워크시트를 자기주도적으로 탐색할 수 있습니다.

이미 내용을 다 이해한 학생은 다음 단계로 미리 넘어가고, 아직 어려운 학생은 자신이 놓친 장면을 다시 살펴보며 천천히 따라갈 수 있습니다. 실험의 순서, 수학 문제 풀이, 독서 자료, 도안 제작 등 어떤 활동이든 학생은 자신의 속도, 방식, 필요에 맞춰 학습을 이어갈 수 있는 권한을 얻게 됩니다.

예를 들어, 과학 실험에서 교사가 설명한 실험 순서를 PDF로 제시한 뒤, 학생이 각자 다시 보며 따라하는 실험을 수행하거나 수학 문제풀이 중 교사의 풀이를 보고 난 뒤, 비슷한 유형의 문제를 스스로 풀어보며 다시 필요한 부분을 참조하거나 미술 수업에서 만들기 과정을 담은 설명서를 보고 각자 작업을 이어가며, 만든 순서와 표현 방법이 다양해지는 활동까지 학생 주도성, 자기 효능감, 개별화된 학습 경험이 자연스럽게 일어나는 장면이 되는 것입니다.

Hi TIP

<'함께 보기' 종료를 자기 주도 학습으로 연결하는 하이러닝 활용법>

- 수업 전: PDF/설명서/워크시트 자료를 하이러닝에 미리 업로드
- 수업 중: '함께 보기' 기능으로 활동 순서나 핵심 내용을 설명
- 수업 후: '함께 보기' 종료 후 학생이 직접 확인·탐색하며 자기 속도에 맞게 학습
- 응용하기: 실험, 만들기, 독서, 문제 풀이 등 모든 활동에 확장 가능

## 더 넓게 더 깊게, 자유로운 모둠 활동

같은 친구들과만 모둠 활동을 하면 어떤 장점과 단점이 있을까요?
자리 이동 없이도 다양한 친구들과 협력할 수 있는 환경을 만들기 위해서는 어떤 방법이 있을까요?

모둠 활동을 할 때 자리 배치는 어떻게 하는 것이 학습 환경 구성에 효과적일까요? 자리를 바꾸다 보면 학생들의 수준에 맞게 서로 다른 학생들을 여러 방법으로 구성하기 어려운 경우가 생깁니다. 어떻게 하면 다양한 수준의 학생들 간의 조화를 통해 높은 학습의 효과를 끌어낼 수 있을지 고민이 많았습니다.

하이러닝을 활용하면 학생이 자리에서 이동하지 않고도, 멀리 떨어져 있는 학생들과 함께 모둠으로 활동할 수 있습니다. 자리 배치와 관계없이 모둠의 수와 구성원을 유연하게 변경할 수 있어 수업 중 이동, 준비 시간을 줄이고 보다 효율적인 협동학습이 이루어질 수 있습니다.

'모둠' 기능을 활용해 이런 수업을 해보면 어떨까요?

## ❶ 수업 사례 : 모둠 기능을 활용한 역사 타임라인 만들기 (사회)

1) 하이러닝 '모둠/발표' 기능을 선택하고, 모둠을 구성합니다. 교재가 필요할 경우 추가합니다.

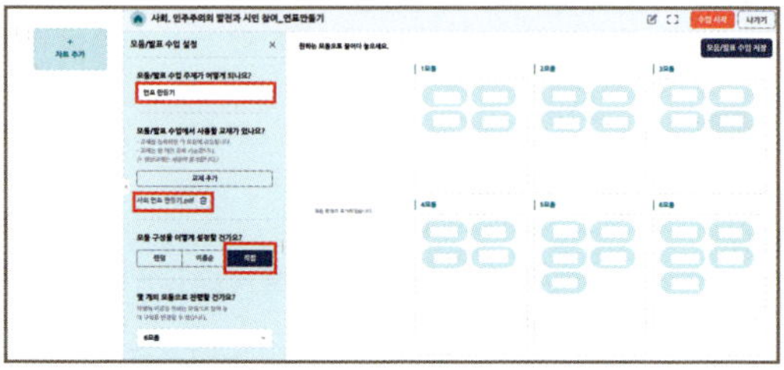

2) 모둠원끼리 타임라인의 구역을 나누고, 각자 해당하는 시점의 사건을 정리합니다.

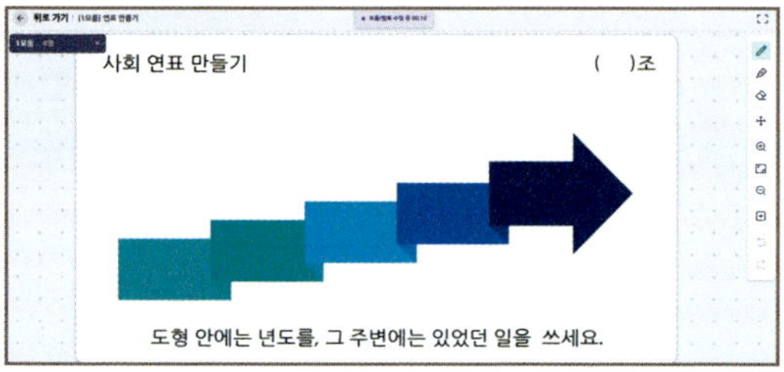


그 밖에도 '화이트보드 구역을 나누어 동, 식물 한살이 그리기(과학), '감정표현 지도 만들기(국어,창체) 등 활동을 진행할 수 있습니다.

## ❷ 놀이 사례: 단어 끝말잇기

1) 끝말잇기를 위한 모둠을 구성합니다. 모둠을 구성한 후, 학생들에게 출석번호 순으로 순서를 정해 활동을 하도록 안내합니다. 또는 학생들끼리 순서를 함께 정해도 좋습니다.

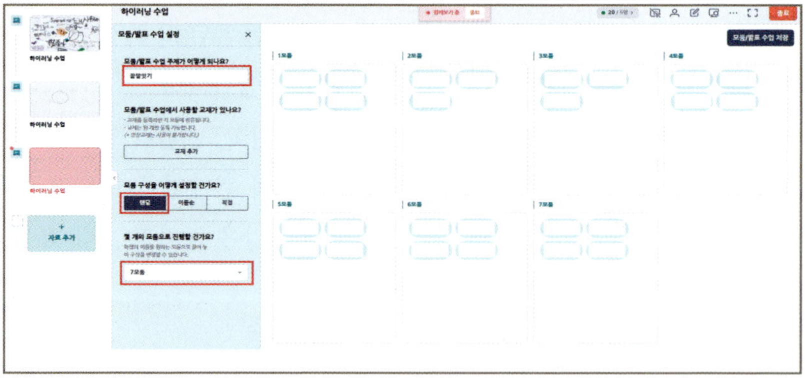

2) 첫 번째 학생이 하나의 단어를 적으면 다음 사람은 그 단어 마지막 글자로 해당하는 단어를 적습니다.

이때 수업 내용에 해당하는 주제로 한정해도 좋고, 영어 단어로 끝말잇기를 진행해도 좋습니다.

그 밖에도 '숨은 그림 찾기, 다른 그림 찾기' 등 활동을 진행할 수 있습니다.

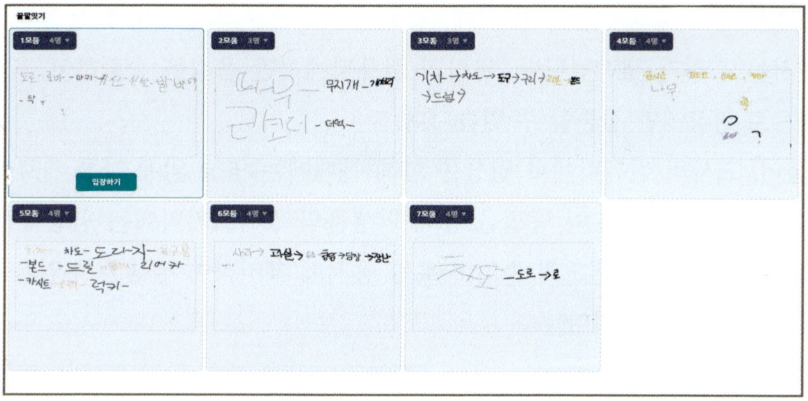


**Hi TIP**

자리 이동 없이 멀리 떨어진 학생과 모둠 활동을 진행하는 경우, 학생들의 집중도를 높일 수 있는 다양한 위젯을 사용하는 것이 좋습니다.

## 생생한 수업과 몰입하게 만들어주는 '유튜브 함께보기'

"가장 뒷자리에 앉은 학생이 화면이 잘 보이지 않는다며
수업 몰입에 방해가 되지는 않으셨나요?"
"화면에 별도의 교재와 영상을 동시에 제시하여 생생하게
수업을 진행하고 싶지는 않으셨나요?"

뛰어난 수업 구성만큼 중요한 것이 바로 수업 환경 구성입니다. 아무리 훌륭한 수업이더라도 주변 환경이 그 수업의 몰입을 방해한다면 성공적인 수업이라고 하기 어렵습니다. 특히, 과밀학급의 경우 학생 수가 많아서 생기는 시야 방해는 곤란할 때가 많습니다.

하이러닝의 '유튜브 함께보기' 기능은 이러한 문제를 해결해 줄 수 있습니다. [자료추가]–[유튜브]를 통해 탑재한 영상은 학생들의 스마트기기와 교사의 통합학습창에서 동시에 송출됩니다. 이때, 광고는 자동으로 차단되며 학생들의 유투브 영상에서는 소리가 생략됩니다. 교사의 컴퓨터에서만 음성을 송출하고, 학생들은 시각적으로 영상에만 집중할 수 있습니다.

더불어, 교사의 컴퓨터에서 영상을 함께 볼때에는 영상 외에 다른 자료를 함께 제시하기가 어려웠지만, 이 방법을 통해 학생들의 스마트기기에는 영상자료를, 교사의 컴퓨터 화면에는 별도의 수업 자료를 동시에 제시하여 생생한 수업을 진행하는데에도 큰 도움이 됩니다.

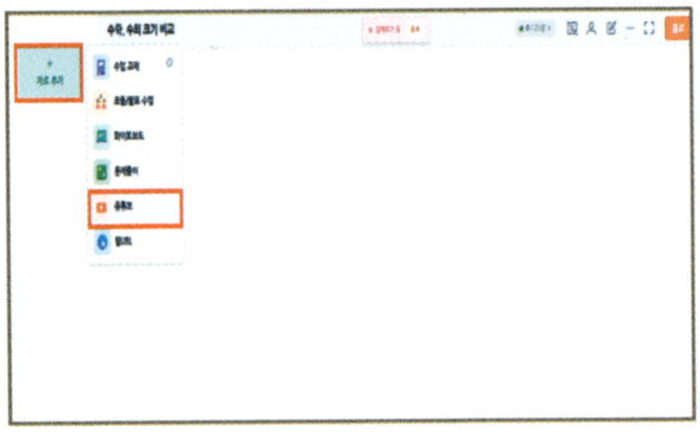

[통합학습창]-[자료추가]-[유튜브]

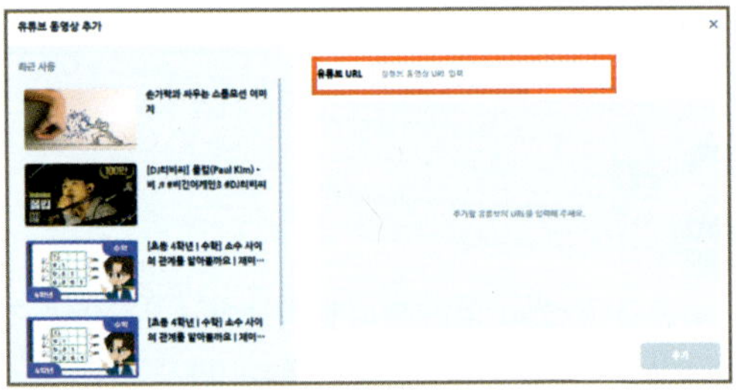

유튜브 링크 삽입

## 의미있는 디지털 활용 수업, 비과제 행동 예방으로 시작하기

"학생들이 스마트기기를 활용하여 수업에 적극적으로 참여하고 있을까요?"
"학생들이 수업 시간에 집중도를 더 높일 수 있는 방법은 없을까요?"

스마트 기기를 활용한 수업을 할 때 선생님들이 많이 걱정하시는 것 중 하나가 바로 '비과제 행동'입니다. 학생들이 디지털 기기를 활용하고는 있지만 정말로 수업에 제대로 참여하고 있는지, 의미 있게 활용하고 있는지 고민될 때가 많습니다. 더군다나, 특히 많은 지식을 학습해야 할 때 학습자에게는 그 어떠한 때보다 수업에 많은 집중력이 요구되며 이 과정에서 학생들의 높은 수업 참여도와 비과제행동 차단은 더욱 더 중요합니다.

하이러닝은 바로 이러한 고민을 '수업 참여 신호등'을 통해 확인할 수 있도록 마련하고 있습니다. 통합학습창 내에 학습자들이 접속할 경우, 학생들의 프로필이 선명하게 업데이트 됩니다. 그리고 학생들의 프로필에는 '초록색' 불빛이 나타납니다. 그러나 통합학습창을 최소화 하거나 다른 화면을 보고 있을 경우에는 학생들의 프로필 불빛이 '빨간색'으로 바뀝니다.

교사는 이를 활용해 학습자가 수업에 적극적으로 참여하고 있는지 체크하고 비과제 행동을 예방하여 디지털 수업을 의미있게 활용할 수 있을 것입니다.

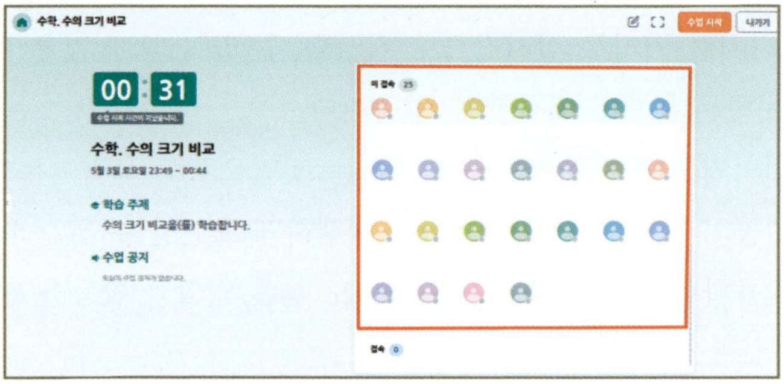


통합학습창 내 학생 프로필 화면

하이러닝에 접속해 있을 경우(초록색)

하이러닝에 접속해 있지 않을 경우(빨간색)

## 내 손으로 움직이는 이야기, 디지털 역할극

역할극을 별다른 준비 없이도 간단하게 진행할 수 있다면, 수업의 흐름과 학생의 몰입도는 어떻게 달라질까요?
역할극이 '준비된 연극'이 아니라, 학생들이 수업 내용 속에서 자유롭게 표현하고 사고할 수 있는 '즉흥적 소통'의 장이 된다면, 어떤 교육적 의미가 있을까요?

역할극 활동을 진행할 때, 무대와 등장인물을 준비하는 데 많은 시간이 소요되어 정작 학습 내용에 집중할 시간이 부족한 경우는 없으셨나요? 간단한 대화형 연극을 진행하고자 할 때에도 등장인물을 직접 제작하거나 종이에 인쇄할 시간이 부족해 대사 위주의 활동으로 수업을 진행하곤 했습니다.

하이러닝을 활용하면 무대와 등장인물을 별도로 준비할 필요 없이 학생들이 중심이 되는 역할극을 효과적으로 진행할 수 있습니다. 또한 학생들이 발표하는 역할극을 각자의 디지털 기기로 실시간으로 감상할 수 있어 앞에 앉은 친구에게 가려 무대를 보지 못하는 문제도 해결할 수 있습니다.

화면 속 이미지를 실시간으로 드래그하는 것만으로도 움직이는 애니메이션을 구현하여 학생들의 창의적인 상상을 더욱 생생하게 표현할 수 있는 디지털 역할극, 하이러닝을 활용하여 보다 효율적이고 몰입도 높은 역할극 활동을 진행해 보는 것은 어떨까요?

### 1 역할 선정하기

'통합학습창'의 자료추가에서 '모둠/발표' 기능을 활용해 학생들을 모둠별로 구성합니다.

각 모둠별로 역할극에 필요한 등장인물을 정하고 역할을 나눕니다.

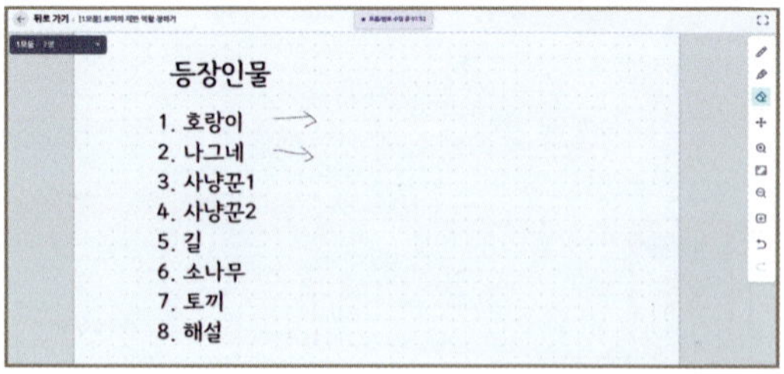

## ② 역할극 환경 꾸미기

등장인물에 해당하는 사진을 준비합니다. 그리고 화이트보드 기능을 활용해 역할극 배경 사진을 추가하거나 필기 기능으로 배경을 꾸밉니다.

## ③ 역할극 연습하기

각자 등장인물에 맞는 대본을 준비하고 연습을 진행합니다.

## ④ 역할극 발표하기

모둠별로 발표를 진행합니다. 모둠활동 '공유하기' 기능으로 각 모둠의 활동을 다른 학생들에게 공유합니다. 이때 '학생 드로잉 허용'을 눌러 발표하는 모둠 학생들이 등장인물을 이동시키며 발표할 수 있도록 합니다.

**Hi TIP**

언어적 표현(높임법, 어휘선택)과 반언어적 표현(억양, 강세, 속도, 음량)을 효과적으로 학습할 수 있습니다.
전래동화 뒷이야기 꾸미기 등 학생들이 전개하는 이야기 활동을 진행하여 학생들의 문학적 창작 및 감상 능력을 함양할 수 있습니다.
무대에서 진행하는 역할극 대본을 연습하기 위한 리허설 활동으로도 활용할 수 있습니다.

# 제2의 온라인 등교에도 혼란 zero! 하이러닝 화상수업

코로나 사태로 인해 유례없는 개학 연기와 온라인 등교가 행해진 2020년.
이런 일이 다시 발생한다면 그 때의 우리는 과거와 얼마나 달라질까요?

코로나 사태 이후 원격 수업의 방식이 처음 도입되며 비대면 학습의 새로운 가능성이 열렸습니다. 만약 이전처럼 다시 온라인 등교 방식로 갑작스레 전환되었을 때, 평소 익숙하게 사용해온 플랫폼이 줌(zoom)과 같은 화상 수업의 기능까지 갖추었다면 당황하지 않고 안정적인 학습이 이루어져 혼란이 없을 것입니다. 하이러닝을 활용해서 이런 수업을 해보면 어떨까요?

## 1 화상 수업

교사-학생 간 비대면으로 얼굴을 마주하고 상호작용을 하며 수업할 수 있는 형태입니다. 줌(zoom)과 유사한 기능을 가진 모습입니다. 문서 공유, 수업 교재, 설문 퀴즈, 대기실, 화면 공유 등의 기능이 가능합니다.

## ❷ 등교 수업

사실 상 하이러닝에 최적화되어 있는 형태로 통합학습창을 활용해 교재 제시, 화이트보드, 영상 시청 등이 가능합니다. 특히 모둠/발표수업과 문제풀이 기능이 탁월하므로 화상 수업보다 학생의 수업 참여도를 쉽게 확인할 수 있고 원활하게 소통할 수 있습니다.

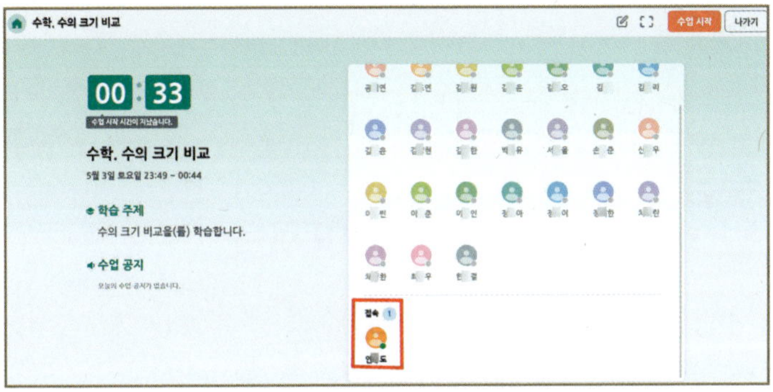


## ❸ 영상 수업

교사가 사전에 업로드한 영상을 시청하는 형태입니다. 학생과 직접적인 상호작용을 하기 어렵다는 단점이 있습니다. 거꾸로 학습(flipped– learning)의 형태로 활용할 수 있습니다. 또한, 체육 시간에 제시할 신체 활동 내용을 학생들에게 미리 제시하는 방법 등도 가능합니다.

교사 개인이 직접 촬영하거나 소유한 영상을 파일로 업로드할 수 있습니다. 이 경우에는 영상의 몇 퍼센트 이상을 시청했을 때 이수로 인정할 것인지를 설정할 수 있습니다. 외부 링크를 제시할 수도 있습니다. 이 경우에는 클릭 시 이수로 인정됩니다. 하이러닝 내부 영상 컨텐츠를 조회하여 활용할 수도 있으며, 이 경우에도 영상의 몇 퍼센트 이상을 시청했을 때 이수로 인정할 것인지를 설정할 수 있습니다.

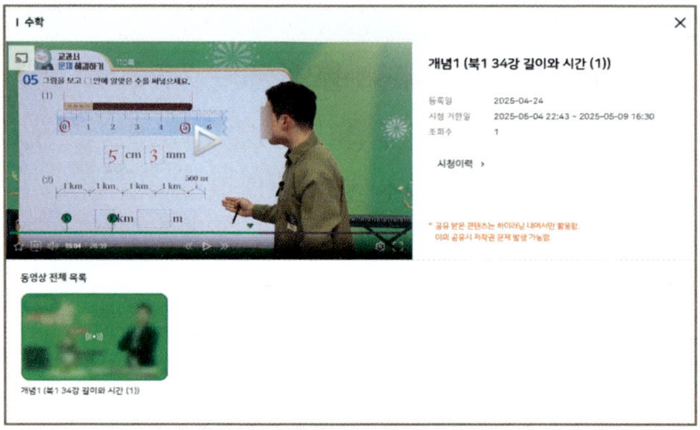


## 교과 수업도 깊이 있게, 끊김 없이 수업과 만남이 이어져요

한 시간 단위로 학급별 수업을 하시는 교과(전담) 선생님이시라면
이전 시간에 어떤 학생이 무엇을 했는지, 또렷이 기억나시나요?
학생들에 대한 데이터를 바탕으로 후속 학습 대책을 계획하실 수 있나요?

체육, 미술, 실과, 음악, 영어, 과학, 도덕…

초등에서는 전담교사, 중등에서는 교과교사로 불리는 선생님들은 한 학년에 머무는 담임교사와는 다른 구조에서 수업을 진행합니다. 하루에도 여러 반을 오가며 40분, 길어야 50분씩 주어진 수업 시간을 활용해 학생들과 만납니다. 이 선생님들은 자신이 맡은 교과 내용에 대해 높은 이해도와 수업 전문성을 가지고 있습니다.

하지만 문제는 수업의 범위를 좀 더 넓게 생각해보면, 이런 고민이 생길 수 있습니다.

어떤 아이가 어떤 질문을 했는지, 누가 어려움을 겪었는지, 이전 차시에서 어떤 생각이나 표현을 했는지… 이런 학생 개개인의 학습 흐름을 기록하고 기억하기란 쉽지 않습니다. 수업은 풍성하게 끝났지만, '기억되지 않는 만남'으로 남는 경우가 많습니다. 교사는 그 순간 피드백은 할 수 있어도, 그 내용을 연계하여 다음 시간까지 이어져서 지도하는 일은 어렵습니다.

하이러닝을 교과별 수업에 적용하면, 전담이나 교과 수업에서도 학생과의 만남이 단절되지 않고, 이어지는 구조를 만들 수 있습니다.

## ❶ 학생 활동이 누적 기록됩니다

하이러닝은 학생들이 수업 시간에 쓴 글, 작성한 그림, 토의한 결과를 자동으로 저장합니다. 화이트보드, 카드형 활동, 과제형 학습 등 수업 중 펼쳐지는 모든 학습 흔적이 저장되며, 교사는 언제든 해당 자료를 열람하거나 다시 꺼내어 연속적인 피드백을 할 수 있습니다.

"지난 시간에 ○○가 이런 생각을 했었지?"

"저번에는 여기에 어려움을 느꼈는데, 오늘은 어때?"

이러한 개별화된 언급이 가능해지는 순간, 교과 수업도 활동 중심 수업에서 관계 중심 수업으로 전환됩니다.

## ❷ 모든 반에 수업자료를 반복 제작할 필요 없습니다

하이러닝은 만든 수업을 '복사' 기능으로 다른 학급에도 손쉽게 적용할 수 있습니다. 매 시간마다 수업자료를 새롭게 준비할 필요 없이, 교사는 한 번 설계한 수업을 기반으로 여러 반의 흐름을 일관되게 유지할 수 있습니다.

## ❸ 수업 중 실시간 피드백과 이후에도 연결되는 과정 중심 평가

학생이 글을 쓰거나 발표 자료를 작성하는 과정, 문제에 답을 고르는 장면, 생각을 그림으로 표현하는 장면 등…

이 모든 것이 실시간으로 교사의 화면에 보이고, 교사는 즉각 피드백을 제공하거나, 이후 수업을 설계하는 근거 자료로 활용할 수 있습니다.

# 3
# 하이러닝을 활용한 놀이수업

## 놀이를 연계한 학습으로의 평가

수업에서 학습놀이를 했을 땐 분위기가 좋지만,
학생이 무엇을 얼마나 알고 있는지는 어떻게 확인하고 계신가요?

“선생님, 이거 또 해요!”

아이들은 수업에서 놀이가 등장하면 누구보다 적극적으로 몰입합니다. 팀을 나누고, 카드를 나누고, 맞히고 틀리며 소리를 지르고 웃습니다. 학습카드 게임, 단어 빙고, 스피드 퀴즈 등… 이런 활동은 게임처럼 보이지만, 실제로는 아이들이 개념을 반복하고, 연결하고, 말로 표현해보는 깊은 학습 기회이기도 합니다.

그런데, 이런 재미있는 활동으로 구성된 수업은 분명히 분위기가 아주 좋았고 아이들도 학습을 반복했지만, 수업이 끝난 뒤에 교사가 학생의 활동상황에 대해 얻은 데이터는 그다지 없는 경우가 있습니다. 모둠별로 웃고 떠든 그 활동이 누구에게 어떤 배움이 있었는지, 누구는 따라오지 못했는지, 누가 무엇을 잘 설명했는지는 전적으로 교사의 감에 의존해야만 합니다. 이처럼 놀이 수업은 몰입도는 높지만, 기록이 남지 않아 평가와 피드백으로 이어지기 어렵다는 한계를 가집니다.

그렇다면 ‘놀이’와 ‘학습으로의 평가’는 함께 이루어지기 어려운 걸까요? 하이러닝은 이 둘을 자연스럽게 연결해주는 다리 역할을 할 수 있습니다.

예를 들어, 딩고 카드 게임(출처: 이종대왕 유튜브)을 수업에 활용했다면, 수업이 끝난 뒤 같은 형식의 빈칸 카드나 퀴즈를 하이러닝 화이트보드에 띄워 복습 활동으로 진행해보세요.

학생들은 이제 모둠에서 함께 논 개념을 바탕으로, 직접 빈칸을 채우거나 문제를 만들어 보며 다시 한번 내용을 재구성하게 됩니다. 이 활동은 복습을 넘어 표현과 정리의 기회를 제공하고, 동시에 교사는 실시간으로 그 과정을 관찰할 수 있습니다. 나아가 하이러닝은 학생의 활동 흔적이 자동으로 저장되기 때문에, 나중에 교사는 누가 어떤 답을 제시했는지, 모둠별로 어떤 부분을 어려워했는지, 오개념이 반복적으로 드러난 개념은 무엇인지를 시각적으로 확인하고 피드백할 수 있는 기반 자료를 얻게 됩니다.

이러한 과정을 통해 단순히 '놀이했다'에서 그치는 수업이 아니라, 놀이를 통해 무엇을 배웠고, 표현했고, 교사는 그 결과를 파악하고 다음 수업으로 이어갈 수 있는 구조를 만들 수 있습니다.

우리는 흔히 수업과 평가는 따로 하는 것이라고 생각할 수 있지만, 사실 가장 좋은 평가는 학습의 순간 그 자체에 존재합니다. 학생이 웃으며 친구와 지식과 개념을 이야기하는 순간, 그림을 그리며 개념을 설명하는 순간, 그러한 순간들을 흔적없이 흘려보낼지, 아니면 의미 있는 피드백으로 전환할지는 교사의 손에 달려 있습니다.

딩고카드놀이 (이종대왕 유튜브)

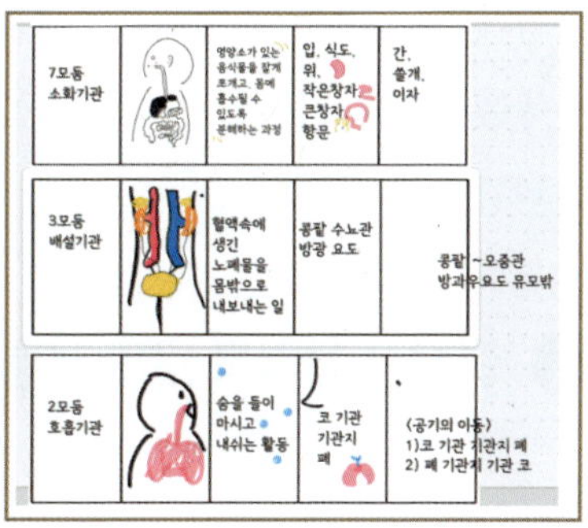

딩고 놀이 후 하이러닝에서 학습활동

## 질문과 응답을 통한 문제 해결 수업하기

문제 해결 수업을 할 때에 가장 어려운 점이 무엇인가요?
문제해결 수업의 가장 큰 쟁점이 무엇인가요?
문제 해결 과정에서 학생들이 질문을 만들고 답을 찾는 과정이
학습들의 사고에 어떠한 영향을 끼칠까요?

문제 해결 수업을 할 때에 협력과 적극적인 참여가 뒷받침되어야 학습 목표의 도달뿐 아니라 사고의 확장이 가능합니다. 하지만 대부분의 시간에 협력도와 참여도를 높일 수 있는 방법을 찾는 것이 어렵지 않았나요?

하이러닝의 '채팅' 기능을 활용하면 학생들의 흥미도를 높여 문제 해결 학습을 원활하게 운영할 수 있습니다. 수업 내용에 대해 생각하여 질문해봄으로써 자신의 이해도를 점검하고, 다양한 관점으로 생각하여 사고의 유연성을 높일 수 있습니다.

주어진 문제에 답해봄으로써 문제 해결 과정을 논리적으로 정리하고 답하는 연습을 할 수 있고, 학생들이 문제를 스스로 만들고 해결하는 과정을 통해 사고 과정을 점검하고 개선하는 심화 학습을 진행할 수 있습니다. 하이러닝을 활용하여 학생들의 메타인지적 사고능력을 강화할 수 있는 문제 해결 학습을 해보는 건 어떨까요?

### 1 실시간 협력적 문제 해결 수업하기

학습 주제를 문제 상황으로 공유하여 학생들이 '채팅' 기능을 활용하여 자신의 해결 방안을 논리적으로 제시합니다. 그리고 모둠별로 모여 다양한 의견을 모아 '메모' 기능을 활용하여 함께 의논하여 보완합니다. '발표' 기능을 활용하여 전체 학생들과 공유하여 문제에 대한 해결 방법을 설명하고 함께 고민하는 시간을 가집니다.

## ② 실시간 퀴즈 챌린지로 문제 해결하기(교사/학생)

수업 후 교사가 만든 문제로 '채팅' 기능을 활용하여 퀴즈를 진행합니다. 말을 하지 않고 채팅창에 답을 기록하고 카운트 세기 이후에 응답하도록 합니다.

학생이 만든 문제는 '모둠'기능으로 모둠별로 수업 내용에 대한 문제를 만들고, '채팅' 기능을 이용하여 문제를 내고 답하는 활동을 하여 사고를 확장하는 시간을 갖습니다.

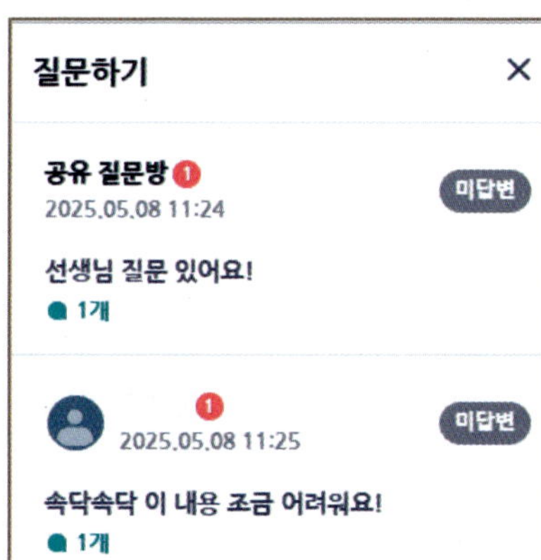


**Hi TIP**

교사가 만든 퀴즈를 채팅창을 활용해서 할 때에는 학생들이 타이핑하는 시간이 다르니 꼭 카운트 세기를 하고 응답을 제출하도록 합니다. 키보드가 어려운 학생은 보드판으로 대체하는 방법도 있습니다.

## 모눈 위에서 펼쳐지는 우리반 놀이 활동

모눈 종이나 모눈 배경을 활용해 어떤 학습을 진행할 수 있을까요?
디지털 화이트보드를 활용한 활동이 기존 종이 방식과
비교했을 때 어떤 장점이 있을까요?

'통합학습창'의 '화이트보드' 기능의 배경은 모눈 형식으로 이루어져 있습니다. 흰 배경이 아닌, 모눈 형식. 학생들과 함께 다양한 활동을 즐길 수 있습니다.

하이러닝을 활용해서 이런 수업을 해보면 어떨까요?

### 1 너 한알 나 한알 오목놀이

'통합학습창'의 '모둠/발표 기능'에서 모둠원 수를 2명이 되도록 설정합니다.

모둠원끼리 자신이 그릴 돌 색깔을 정하고 번갈아 가면서 오목 놀이를 진행합니다. 이 때 배경 모눈의 점에 돌을 놓을 수 있도록 합니다.

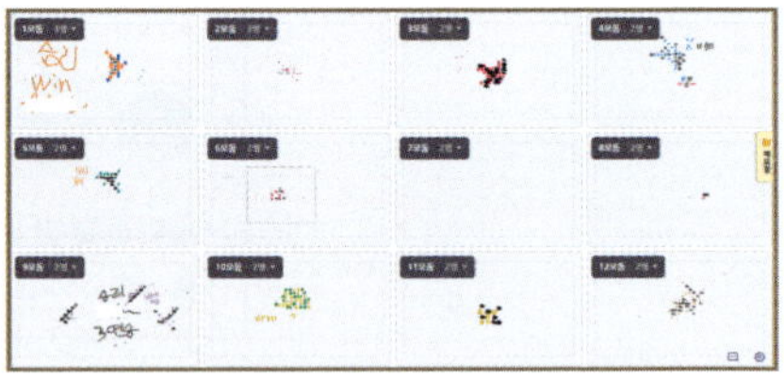

**Hi TIP**

펜의 두께를 두껍게 설정하면 돌을 그리기 더 편함을 학생들에게 미리 안내합니다.

## ② 도형 그리기

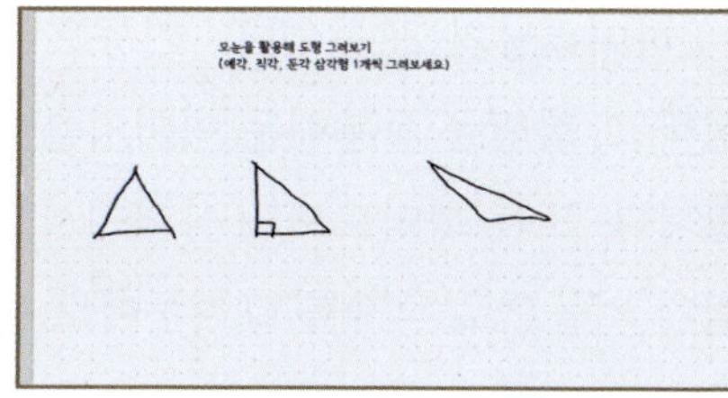


'지오보드'처럼 생긴 모눈 형식의 화이트보드를 활용해 여러 가지 도형을 만들어볼 수 있습니다.

저학년의 여러 도형 알아보기 수업부터 고학년의 도형의 넓이를 비교하는 수업까지 다양하게 활용할 수 있습니다.

## 멀리서도 하나가 되는 우리, 협동화 만들기

협동화 활동을 할 때, 모든 구성원이 적극적으로 참여하도록
하려면 어떤 방법이 필요할까요?
학생들의 협력을 이끌어낼 수 있는 새로운 활동은 없을까요?

함께 모여 하나의 종이에 그림을 완성하는 협동화, 적극적으로 참여하지 않거나 종이의 방향이 한 사람에게만 바르게 위치하여 다른 학생들이 잘 참여하지 못하는 안타까운 경우가 있지 않았나요? 큰 종이로 모둠 활동을 진행할 때면 항상 느끼게 되는 고민인 듯 합니다.

하이러닝을 활용하면 한 명의 학생도 빠짐없이 자신의 역할을 맡고 주체적으로 활동에 참여할 수 있습니다. 더불어 자투리 시간을 활용하여, 모둠원들끼리 협동하고 조정하며 공동의 목표를 위해 노력하는 경험이 가능합니다.

모둠 구성원으로서의 역할에 충실할 수 있도록 상황을 조성해주는 것. 개별적 책무성을 부여하고 그 안에서 진행되는 모둠원들 간의 소통을 통해 서로 의사소통을 하고 함께하는 법을 배울 수 있을 것입니다.

하이러닝을 활용해서 이런 수업을 해보면 어떨까요?

## ❶ 함께 만들어가는 협동화 활동

하이러닝의 '모둠/발표' 기능으로 모둠을 설정하고, 화면을 등분해둔 이미지를 교재로 배부합니다. 또는 화이트보드 상태에서 교사가 직접 필기 기능으로 격자를 그려주어도 됩니다. 그릴 주제를 정해준 후, 학생들이 모둠원 친구들과 함께 이야기하면서 협동하며 그림을 그릴 수 있습니다.

## ❷ 그림만으로 소통하는 협동화 게임

모둠을 '랜덤'으로 구성하면 멀리 떨어져 앉은 친구와도 함께 작품을 만들 수 있습니다. 모둠별로 같은 화면을 볼 수 있으므로 화면 속에서 글과 그림으로만 소통하면서 주제에 맞는 그림을 그리는 게임을 진행합니다.

**Hi TIP**

수업이 일찍 끝나는 경우, 수업과 관련된 내용으로 협동화의 주제를 정해 수업내용을 복습할 수 있습니다.

# 4 맞춤형 학습 및 개별화 활동

## AI 한 스푼을 더한 학생별 맞춤형 학습과 피드백

평가 결과를 정확하고 체계적으로 분석해 이를 수업에 반영하는 방법에는 무엇이 있을까요?

하이러닝을 활용하면 학생들의 현재 학습 도달도와 성취도를 정확하게 파악한 후 유의미한 교수·학습을 설계할 수 있습니다. 기존의 방식처럼 매 수업시간마다 형성평가 문제지를 풀고, 채점하고, 이를 바탕으로 많은 학생들이 어려워하는 부분과 학생별 취약부분을 확인하기에는 오랜 시간이 필요합니다.

AI의 도움을 받아 실시간으로 학생들의 평가 결과를 확인할 수 있고, 이를 수업 시간에 바로 환류하여 적극적인 배움이 일어나게 하는 것은 분명 우리가 지향하는 미래교육과 맞닿아있을 것입니다. 학생별로 개별 분석 자료를 통해 맞춤형 학습을 지원할 수 있다면 주도적인 학습 계획 시에도 큰 도움이 됩니다. 하이러닝을 활용해서 이런 수업을 해보면 어떨까요?

### 1 AI 진단 기능

초등 기준 4~6학년에서는 매 교과의 단원 내 차시별로 AI 진단 기능을 활용할 수 있습니다. 매 차시에서 핵심적인 내용을 EBS 문제와 연계하여 학생별로 적절한 피드백을 제시하는 맞춤형 수업을 실시할 수 있습니다. AI를 활용한 논술형 평가도 실시할 수 있습니다.

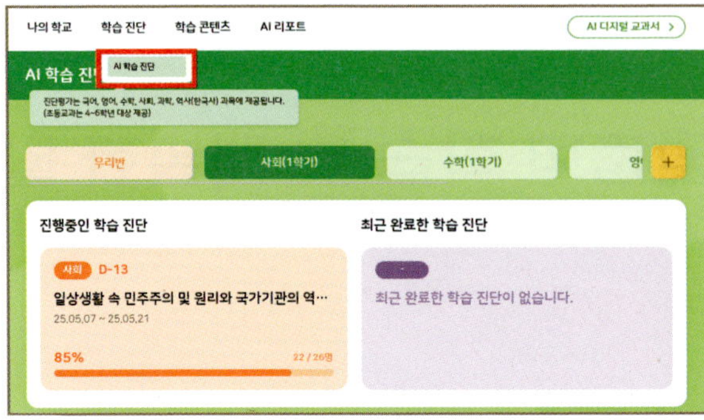
나의 학교
학습 진단
학습 콘텐츠
AI 리포트
AI 디지털 교과서
AI 학습 진단
진행중인 학습 진단
최근 완료한 학습 진단
사회 D-13
일상생활 속 민주주의 및 원리와 국가기관의 역…
25.05.07 ~ 25.05.21
85%
22 / 26명
최근 완료한 학습 진단이 없습니다.

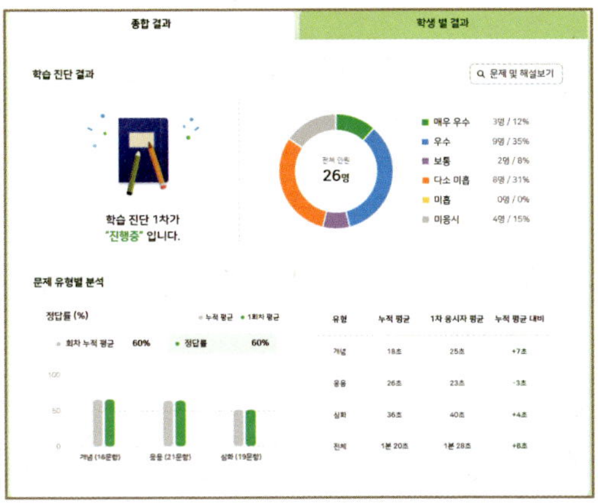
종합 결과
학생 별 결과
학습 진단 결과
문제 및 해설보기
학습 진단 1차가
"진행중" 입니다.
26명
매우 우수
우수
보통
다소 미흡
미흡
미응시
문제 유형별 분석

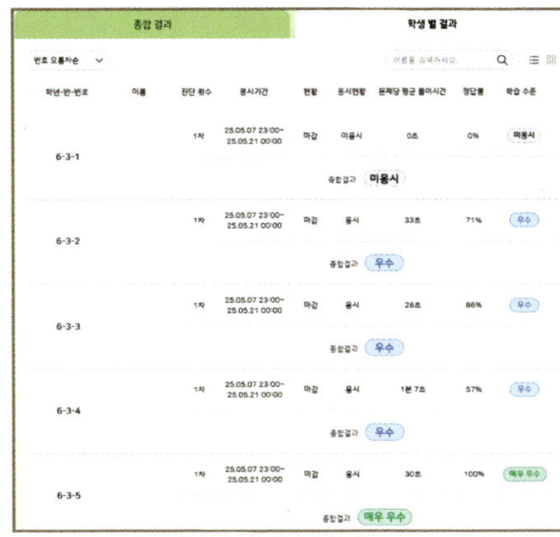
종합 결과
학생 별 결과
6-3-1
6-3-2
6-3-3
6-3-4
6-3-5
미응시
우수
매우 우수

AI 학습 진단
진단 현황 및 결과
학생 별 상세결과
학생
정답률 (%)
정오표 (1차 진단)
오답노트

## ② 문제풀이 기능

학생들이 풀이한 문제를 AI가 실시간으로 채점해 다양한 기준으로 결과를 정렬할 수 있습니다. 오답률이 높은 순서대로 문항을 정렬해 오답률이 높은 문항을 함께 풀이할 수 있습니다. 또한, 학생 이름 순으로도 정렬이 가능하므로 학생별 정오와 정답률도 파악할 수 있습니다. 교사는 이를 통해 개별 학생들에게 배움이 어느 정도 이루어졌는지를 점검하고, 수업을 개선할 수 있는 기회를 얻게 됩니다.

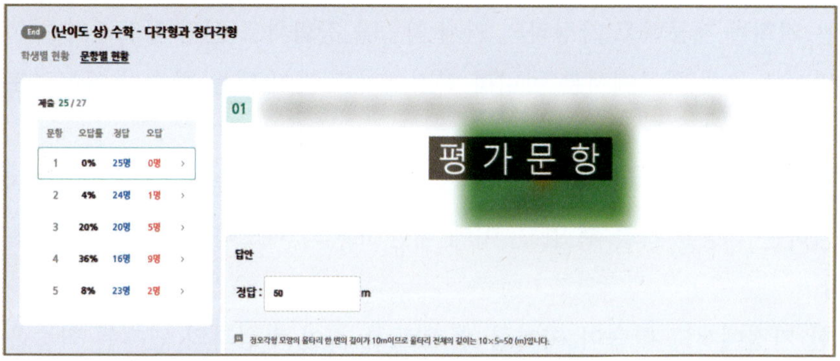


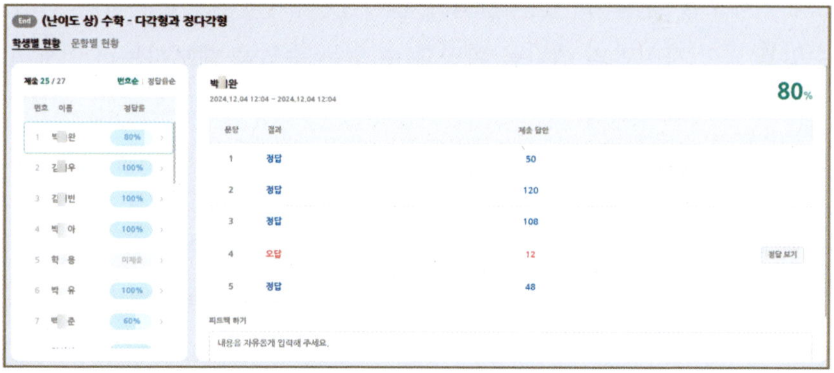


**Hi TIP**

이때 오답자의 명단도 교사의 창에서는 확인되기 때문에 교사는 그 학생들과 눈맞춤을 하며 집중적으로 지도할 수 있습니다.

## 수업을 넘어 생각을 확장하는 과제 활용법

선생님께서 부여하시는 과제의 의미와 목표는 무엇인가요?
학생들이 수업에서 배운 내용을 자기 것으로 만들 수 있도록 돕는 방법은 무엇이 있나요?

선생님들께서 열심히 준비하신 수업이 끝나고도 배운 내용을 정리하고 복습할 수 있는 기회를 제공하고 가정과의 연계 학습을 강화하고 싶지 않으신가요? 학생들에게 과제를 통해 학교에서뿐 아니라 가정에서도 깊이 있는 학습이 가능하도록 하는 것에 어려움이 있는 것 같습니다.

하이러닝을 활용하면 과제를 통해 배운 내용을 복습할 뿐 아니라 자신만의 생각을 정리하는 과정을 거칠 수 있고, 이에 대한 교사의 피드백을 실시간으로 할 수 있습니다.

또한 가정에서도 학습이 이어질 수 있도록 하여 가정과의 연계된 학습을 통해 숙달도와 이해도를 높일 수 있는 기회가 됩니다. 하이러닝을 활용하여 언제, 어디서나 수업을 넘어 자신만의 생각을 확장할 수 있는 수업을 해보시는건 어떨까요?

### 1 우리반 클래스보드로 과제 제출하기

교사가 학습 주제별로 구성한 클래스보드에 학생들이 수행한 과제를 언제, 어디서나 업로드 할 수 있습니다. 업로드한 과제에 대해 댓글로 교사의 피드백 혹은 동료 평가가 가능합니다.

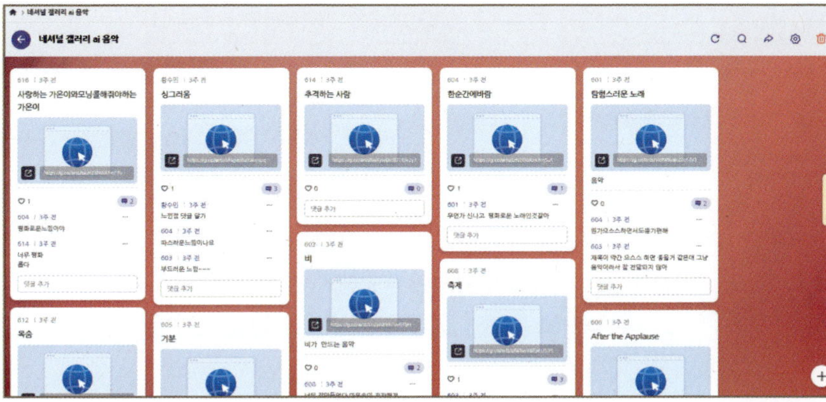


## ② 게시판에 과제 제출하기

교과별, 수업 차시에 맞게 과제를 항목화하기 위해서 수업 과목별 게시판을 사용할 수 있습니다. 학생들은 댓글로 자신의 과제물을 올리고 교사는 학생들의 과제를 채점할 수 있습니다.

| ☐ | 번호 | 카테고리 | 제목 | 수신대상 | 등록일 | 등록자 |
|---|---|---|---|---|---|---|
| ☐ | 3 | 수업공지 | [영어]파… | 학생 전체 | 2025.05.03 10:36 | 황수* 선생님 |
| ☐ | 2 | 수업공지 | [국어]발… | 학생 전체 | 2025.05.03 10:36 | 황수* 선생님 |
| ☐ | 1 | 수업공지 | 국회, 행정… | 학생 전체 / 학부모 전체 | 2025.05.03 10:31 | 황수* 선생님 |

**Hi TIP**

수업 종료 후 과목별 보드에 과제 제출 탭이 있습니다. 우리반 클래스보드와 게시판의 경우 학생들의 과제물을 항목화하여 수합하기 어렵기 때문에 과목별, 항목별로 수합하시고 싶으신 경우 과제 제출 탭을 활용하시면 됩니다. 그러나 수업 종료 후에 생성된다는 점을 유의하시길 바랍니다.

## 학습자 주도성의 열쇠, 스스로 문제집 만들기

"아이들의 성취 수준과 속도가 너무 다른데,
수업 중에 어떻게 수준별로 제시해 줄 수 있을까요?"
"그중에서도, 학습자가 자신의 수준에 따라 주도성을 가지고
스스로 수업에 구성해 갈 수 있는 방법은 없을까요?"

교실에는 다양한 학생들이 있습니다. 그리고 학생들은 저마다 자신만의 학습 속도와 성취도를 가지고 있습니다. 교사는 최대한 학생들의 수준에 맞추어 수업을 구성하지만, 그 노력에는 한계가 있습니다. 그래서 학습자 '주도성'이 더 강조되는 시기이기도 합니다.

2022 개정 교육과정에서 가장 강조하는 핵심은 바로 학습자 '주도성'입니다. 이는 교사가 수업을 구성하면서도, 수업 중에서도 항상 고민하는 것이기도 합니다. 어떻게 수업을 구성해야 학습자가 수업에 수동적으로 참여하지 않고, 능동적으로 참여할 수 있을지에 대한 고민 말입니다. 어쩌면 학습자가 자신의 수준에 따라 주도적으로 수업에 참여할 수 있을 때, 비로소 학습자들의 수준에 따라 맞춤형 수업을 진행할 수 있지 않을까 하는 생각이 듭니다.

하이러닝은, 이러한 학습자 주도성을 실현하기 위한 '자기가 스스로 만드는 문제집' 기능이 탑재되어 있습니다. 이 기능을 활용해 수업 시간에서 학생들이 자신의 시간을 자기주도적으로 활용할 수 있게 구성해 보는 것은 어떨까요?

### 1 랜덤 출제 기능으로 자주적으로 문제 풀기

하이러닝 상단 메뉴 [학습 콘텐츠]를 클릭할 경우, [문항]-[랜덤 출제하기]에서 해당 기능을 활용할 수 있습니다. 랜덤 출제 기능은 교사가 별도로 배정하지 않아도, 하이러닝 시스템 내에서 문항 리스트를 랜덤으로 구성해 문제집을 제작하여 학습자에게 제공합니다. 학습자는 남는 시간에 이 기능을 활용해 수업 시간을 주도적으로 구성해 나갈 수 있습니다.

## ❷ AI 추천 출제 기능으로 문제 풀기

하이러닝 상단 메뉴 [학습콘텐츠]를 클릭할 경우, [문항]–[AI 추천 출제하기]에서 해당 기능을 활용할 수 있습니다. 이 기능은 AI가 나의 수준에 따라 자동으로 문제집을 출제해 주는 방식입니다. 하이러닝 AI 시스템이 학습자의 성취도를 분석하여 자기주도적으로 문제를 풀어나가는 데 더 큰 도움이 됩니다.

[학습 콘텐츠] - [문항] - [랜덤 출제하기 / AI 추천 출제하기]

# 오답에서 성찰로, 성찰을 성장으로 바꾸는 오답 노트 활용법

학생들의 사고 확장과 성장의 정도를 확인하는 가장 효과적인 방법은 무엇일까요?
오류를 수정하고 재구성하는 과정은 학생들에게 있어서 어떠한 영향을 줄 수 있을까요?

선생님들께서는 수업 중 학습도달도 확인을 위해 문제풀이를 하실 때 오답을 아이들과 활용하실 때 어려움이 있지 않으셨나요? 오답에 대한 분석을 통해 개선하기 위한 구체적인 방법을 고안하기보다는 도구적인 이해에 머무르는 수업으로 이어지는 경우가 많습니다.

하이러닝의 오답노트 기능을 활용하면 AI 기반 진단을 통해 학생의 심층적인 학습을 도울 수 있고, 자기주도적인 사고의 확장을 가능하게 합니다. 단순히 자신의 실수를 정리하는 것이 아니라 반성적 사고를 통해 오답의 패턴을 분석하여 자신의 취약한 부분을 파악할 수 있다는 것입니다.

교사는 학생들의 오답 데이터를 통해 학생들만의 오답을 모아 과목별 오답노트를 제작해줄 수 있으며 개별적인 피드백 및 학습 콘텐츠를 기획하는 데 도움이 됩니다.

## ❶ 오답 노트를 활용한 보충 학습

하이러닝의 '오답 노트' 기능을 활용하여 교사는 학생 개인의 학습 도달도를 확인하여 오답의 패턴과 학습 개념의 숙달도를 고려하여 개별 오답노트를 보충자료로 제공할 수 있습니다. 오답 노트 기능에는 학생들의 오답으로 구성되어 있으므로 교사는 학생의 오답만을 모아 과제로 제공하거나 연관된 문제를 AI로 구성하여 출제할 수 있습니다.

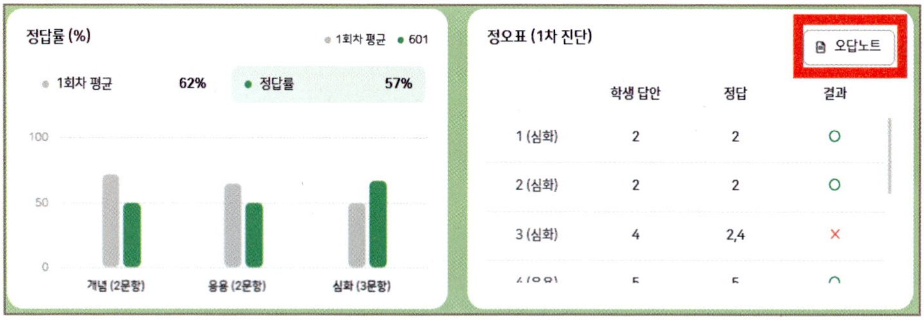


## ❷ 오답노트를 활용한 심화 학습

학생의 학습 수준에 따라 심화 학습이 필요한 경우, 학생의 오답 및 정답도를 확인하여 학습 난이도를 높여 심화 학습지를 제공할 수 있습니다.

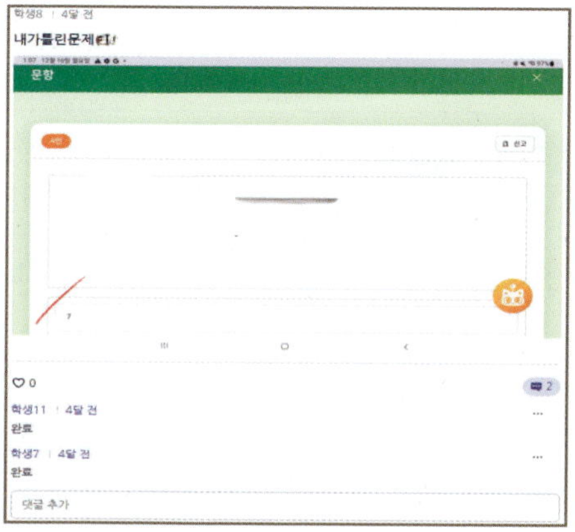


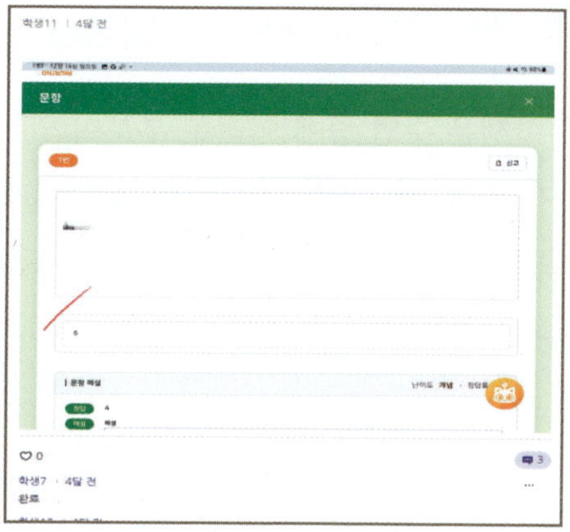


**Hi TIP**

AI 학습 진단 결과를 통해 심화 보충 학습을 진행할 학생들을 선정하여 과목 개설 시 보충 학습 과목과 심화 학습 과목을 나누어 개설하면 운영하기에 용이합니다.

## 은밀하게 질문하면 위대하게 답변하는 채팅하기

수업 시간에 이해가 가지 않거나 질문이 생겨도 쉽사리 말하기를 어려워하는 성향의 학생의 마음은 어떻게 읽을 수 있을까요?

학급에는 적극적으로 손을 들어 질문하고, 자신있게 의사를 표현하는 학생도 있고, 그렇지 않은 학생들도 있습니다. 학생들의 목표 도달도를 점검해야 하는 교사는 학생의 표정만으로는 이해도를 확인하기 어렵기 마련입니다. 학생들의 생각과 마음, 그리고 품고 있는 질문을 하이러닝의 채팅하기 기능으로 읽을 수 있습니다. 하이러닝을 활용해서 이런 활동을 해보면 어떨까요?

## ❶ 채팅으로 교사에게 전달하기

학생은 수업 중에 어려운 부분이 있거나 질문이 있을 때 직접 손을 들어 교사에게 알릴 수도 있고, 하이러닝의 채팅하기 기능을 활용해 교사에게 질문할 수 있습니다.

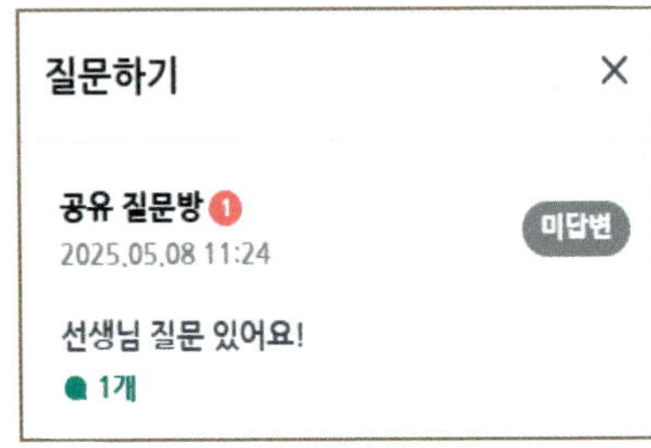


## ❷ 채팅으로 학생에게 전달하기

학생에게 채팅을 수신한 교사는 다시 채팅으로 답변해줄 수도 있고, 필요에 따라서는 학생 전체에게 질문과 답을 공유하여 상호 원활한 소통과 상호작용이 이루어지게끔 유도할 수 있습니다.

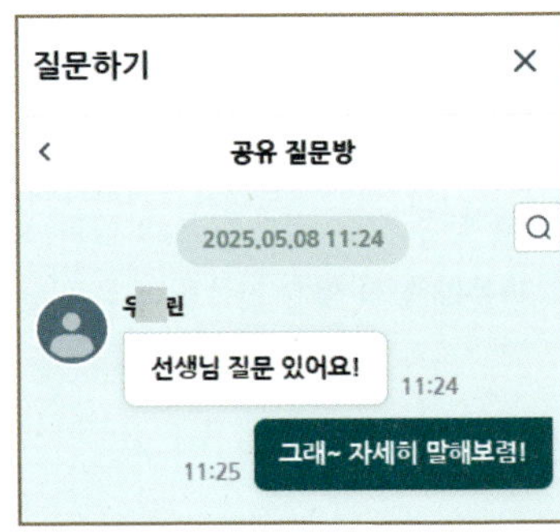


**Hi TIP**

학생들이 교사와 SNS를 통해 소통하는 느낌이 들어 굉장히 흥미로워합니다. 채팅하기 기능을 활용하여 교사가 스피드 퀴즈처럼 문제를 제시하면, 단답형 정답을 학생들이 빠르게 입력하여 전송하는 게임도 추천합니다.

# 모두를 위한 수업 설계, 활동과 수준에 맞춰 과목을 나눠요

정규 수업 이외에 학교와 교실에서 이루어지는 다양한 교육 활동들을 어떻게 효율적으로 관리하고 지도할 수 있을까요?

학교에는 교과서로 진행되는 정규 수업 외에도, 다양한 형태의 학습과 활동이 존재합니다.

예를 들어, 리코더 실기지도가 필요한 학생, 독서토론 동아리 활동에 참여한 학생, 학생자치회로 매주 활동하는 아이들, 학습이 느려 보충이 필요한 학생, 주제탐구나 실험 프로젝트를 수행하는 소그룹 등…

이런 학생들에게 개별적으로 맞춘 수업과 피드백을 제공하고 싶지만, 현실은 녹록지 않습니다. 별도의 플랫폼을 활용하자니 관리가 복잡하고, 기존 학급 단위만으로는 개별 활동 특성을 반영하기 어렵기 때문입니다.

하이러닝에서는 '과목'을 나만의 방식으로 새롭게 만들 수 있습니다. 하이러닝의 '과목 개설' 기능은 꼭 교과 단원 수업에만 국한되지 않습니다. 과목 이름 자체를 하나의 프로젝트, 활동, 그룹 이름으로 정할 수 있고, 그 안에서 작은 교실처럼 운영이 가능합니다.

예를 들어 이런 과목 개설이 가능합니다.

「리코더 레벨업」 - 음악 실기 활동을 강조할 대상

「독서탐험대」 - 학교 도서관 활동 모임

「느린학습자 공부방」 - 맞춤형 보충 수업

「학생자치회 활동」 - 자치회 임원진

「과학탐구 프로젝트그룹」 - 학생 동아리 활동

교사는 이 과목에 해당하는 학생들만 초대하여 운영할 수 있으며, 해당 과목에 포함되지 않은 학생은 수업 내용을 볼 수 없기 때문에 비밀 유지와 개별화 맞춤형 교육이 가능해집니다.

과목명을 기존 교과(국어, 수학, 과학 등)이 아니라도 활동 목적에 따라 자유롭게 설정할 수 있습니다. 개설된 과목에 학생을 선택적으로 불러와서 구성을 마칩니다.

각 과목에 맞게 수업을 개설하여 학습자료, 활동지, 영상 자료, 과제 등을 업로드합니다.

하이러닝의 과목 개설 기능은 단지 수업을 위한 공간이 아니라, 학생을 위한 맞춤 설계의 공간으로서 일종의 작은 단위의 학급(그룹)명인 셈입니다. 교사는 더 이상 모든 학생에게 같은 방식으로 수업하지 않아도 됩니다.

## 내 스스로 배움을 정하는 선택, 배움공책

"현재 학생들은 수업 후, 배운 내용을 얼마나 효과적으로
정리하고, 자기주도적으로 학습을 이어가고 있나요?"
"배운 내용을 깊이있게 내면화 하기 위해 교실 현장에서는 어떤 방법"을 쓸 수 있을까요?
"교사로서 학생들이 수업에서 얻은 지식을 실제 생활에
어떻게 적용할 수 있도록 돕고 있나요?"
"학생 개개인의 학습 속도와 수준을 어떻게 반영하여 맞춤형 학습을 제공하고 있나요?"

최근 교실 현장에서는 배움공책을 활용해 학습자들의 올바른 학습 습관을 형성하려는 움직임이 많습니다. 실제로 한 번 참여하고 끝나는 단편적 수업에서 벗어나 다시 한번 자신의 언어로 수업 내용을 정리하는 것은 수업 내용을 더 효과적으로 체화할 수 있습니다.

그러나 문제는 우리는 교실 현장에서 매일 교과서만 가지고 수업하지는 않는다는 점입니다. 때로는 PPT를, 때로는 다른 에듀테크 도구를 활용하여 수업을 합니다. 따라서 수업이 끝날 때즈음 학생들이 배움공책을 작성하기 위해 수업에 활용된 이러한 모든 자료를 기억해내는 것은 어렵습니다.

그럼에도 불구하고 학습자가 자기주도적으로 배움을 효과적으로 정리할 수 있는 방법이 있습니다. 바로 '하이러닝'을 활용한 배움공책 정리입니다. 하이러닝을 활용해 배움공책을 정리하도록 지도해 보는 것은 어떨까요?

### ❶ 통합학습창으로 배움공책 작성하기

- 교사 통합학습창에서 교재를 통해 수업을 했다면, "함께보기" 기능을 종료합니다.
- 학생 각자가 오늘 참여한 수업 내용을 하이러닝을 통해 살펴보며 자유롭게 배움공책을 작성합니다.
- 오늘 학습한 핵심개념, 새로 알게된 점, 더 알고 싶은 점, 느낀점 등을 자유롭

게 기록합니다. 마인드맵이나 그림의 형식으로 작성해도 좋습니다.

통합학습창 - 함께보기 종료

## ② 클래스보드에서 배움공책 작성하기

- 수업을 종료한 경우, [클래스보드]−[우리반 수업 기록]에서 오늘 수업에 활용된 자료를 참고하여 배움공책을 작성합니다.
- 클래스보드에 교사가 수업 자료를 등록해두면, 학습자는 가정에서 추가로 배움공책 작성에 미비한(부족한) 부분을 채워넣어 작성합니다.

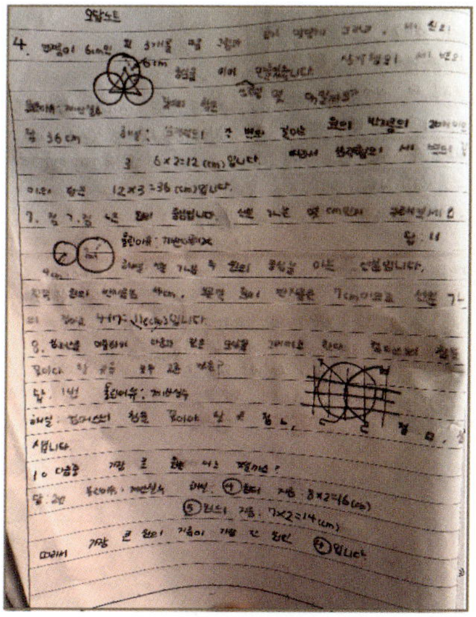

배움공책 예시1

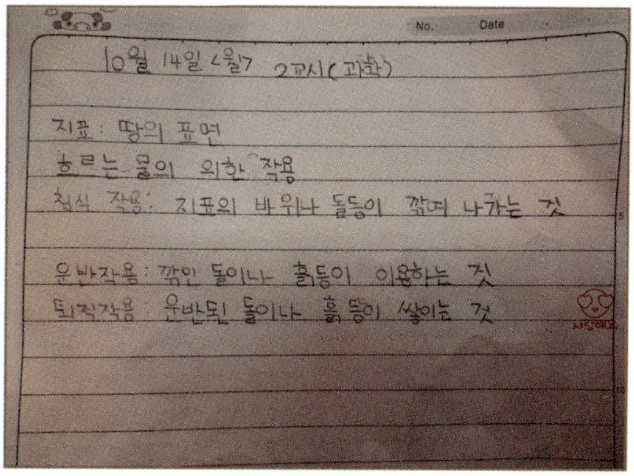


배움공책 예시2

Hi TIP

수업이 일찍 끝나거나 쉬는 시간, 아침·점심 시간 자투리 시간에 배움공책을 작성하면 시간을 효율적으로 활용할 수 있어요!

# 5
# 교사 기록 및 관리

## 언제든 다시 활용, 교사의 클라우드

> 기존에 사용하던 자료 저장 방식(개인 컴퓨터, USB, 이메일, 드라이브)에서 불편했던 점은 무엇인가요?
> 여러 명의 교사가 공동으로 자료를 공유하고 활용할 수 있도록 하면 어떤 장점이 있을까요?

자료를 다운로드한 후 저장 위치를 잊어버린 경험이나, 개인 컴퓨터에 저장된 자료가 교실 컴퓨터와 동기화되지 않아 곤란한 경험이 있지는 않으셨나요? 클라우드에 저장된 자료가 정상적으로 동기화되지 않아 수업 자료가 제대로 준비되지 않았는지 다시 확인해야 하는 경우도 종종 있곤 했습니다.

하이러닝을 활용하면 교사의 수업 자료들을 사이트 내에 직접 업로드하여 저장할 수 있어 파일을 분실할 우려가 없습니다. 더불어 PDF, PPT 파일뿐만 아니라 영상 자료, url 등 다양한 형식의 파일을 저장할 수 있으며, 이전에 업로드를 진행했던 자료라면, 재업로드할 필요 없이 바로 자료를 활용할 수 있습니다.

수업 중 자료를 활용하는 것만으로도 교사의 수업 자료들이 자동으로 저장되어,다시 사용할 수 있는 교사의 클라우드가 되어 줍니다.

하이러닝을 이렇게 활용해보는 것은 어떨까요?

## ❶ '교재' 탭을 활용한 수업 자료 저장하기

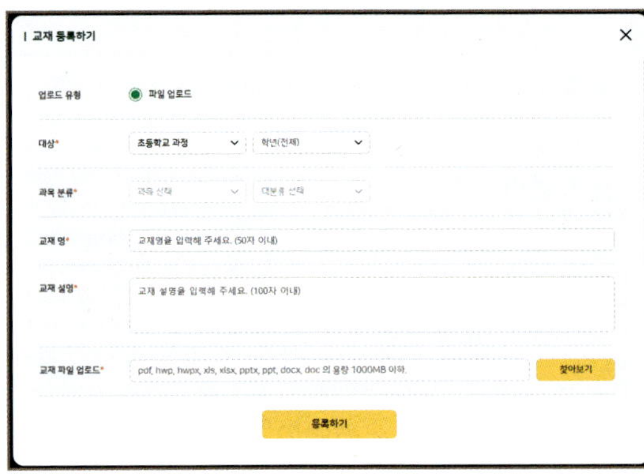


PDF, PPT 파일 등 수업 자료들을 업로드할 수 있습니다. 하이러닝의 '학습 콘텐츠' 항목에서 '교재'를 선택합니다. 등록하기 버튼을 눌러 교재로 등록해 둡니다.

## ❷ '자료추가' 기능을 활용한 수업 자료 저장하기

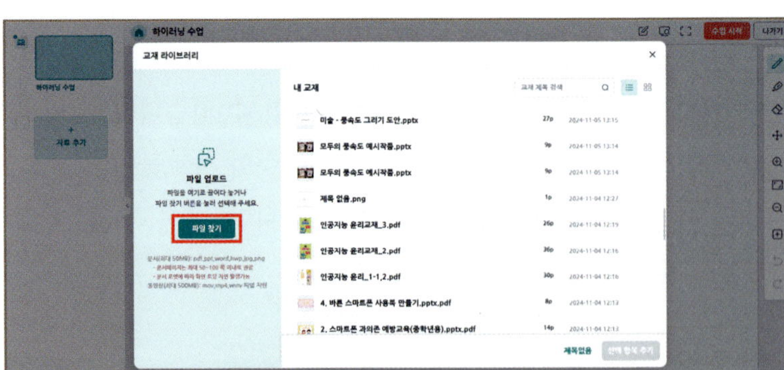

'통합학습창'의 '자료추가' 기능에서 '수업 교재'를 선택하면 자료를 업로드할 수 있습니다. 이때 한번 업로드를 진행한 자료라면 다른 과목 또는 차시에서 업로드했던 자료도 항목에서 불러올 수 있습니다.

**Hi TIP**

하이러닝의 '학습 콘텐츠' 항목을 선택하면 '추천 콘텐츠', '영상', '교재', '문항' 항목이 뜹니다. 검색을 통해 다른 선생님들께서 공유한 자료를 함께 사용할 수 있습니다.

## 적자생존! 적고 기록하는 교사가 살아남는다.

학생들의 교과학습 발달 상황을 기록하기 위해 어떤 자료를 활용하고 계신가요?

선생님들께서는 학기말과 학년말 학생들의 학교생활기록부를 어떤 자료를 토대로 작성하고 계신가요? 바쁜 수업 시간 중에 로그인 시간이 만료된 나이스에 다시 들어가 누가기록란에 입력하는 것은 현실적으로 쉽지 않습니다. 하이러닝을 활용해서 잊어버리기 전에 이렇게 기록해보면 어떨까요?

### 1 메모장에 기록하기

상단의 메모하기 기능을 클릭하면 수업 중 학생들의 특성이나 유의미한 지점들을 수시로 편리하게 기록할 수 있습니다.

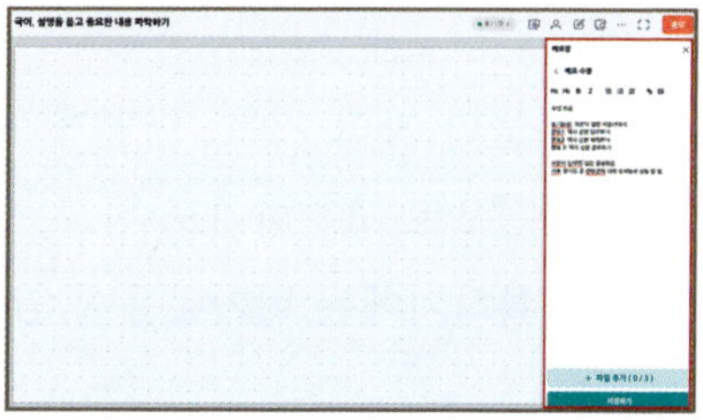

## ② 메모장에서 불러오기

[클래스보드]

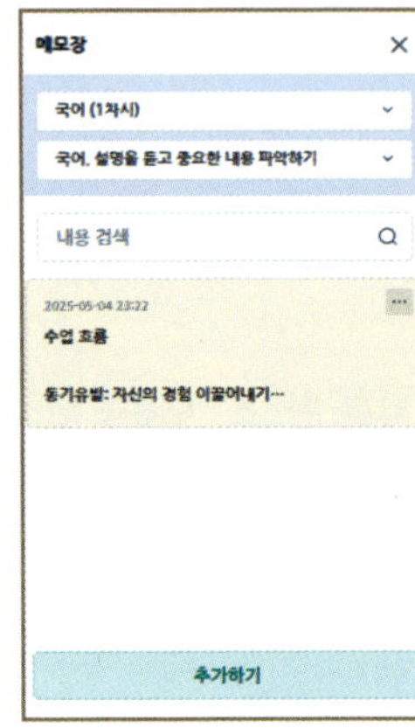


우측 [메모장]

클래스보드의 나의 수업리스트에 들어가보면 기록해둔 메모들을 확인할 수 있습니다. 수업 차시마다 분류되어 있어서 기억을 떠올리고 파악하기 쉽다는 장점이 있습니다.

## 변화도 기록도 한눈에, 우리반 자리 배치

학생들의 자리 배치를 기록하는 방법에는 어떤 것들이 있을까요?
지금까지 자리 배치를 관리하면서 겪었던 어려움은 무엇이었나요?

학생들의 자리 기록, 어떻게 보관하고 계신가요? 학생들의 자리를 핸드폰으로 찍어 사진으로 보관하기도 하고, 한글 파일, 수첩에도 적어두었지만 하나하나 다시 찾고 기록하기에는 번거로움이 있어 고민이 되곤 했습니다.

하이러닝을 활용하면 학생들의 자리 배치를 한 곳에 누적해 저장할 수 있습니다.

## ❶ 만든 자리 저장하기

학습경영도구에서 '자리배치 기능'을 선택한 후, '신규배치' 항목을 선택합니다. 짝과 열, 행을 설정한 후 학생들의 이름을 드래그해 배치합니다.

하단의 화살표 2개가 꼬여있는 버튼을 누르면 랜덤 배치도 가능합니다.

## ❷ 이전 배치 항목 확인하기

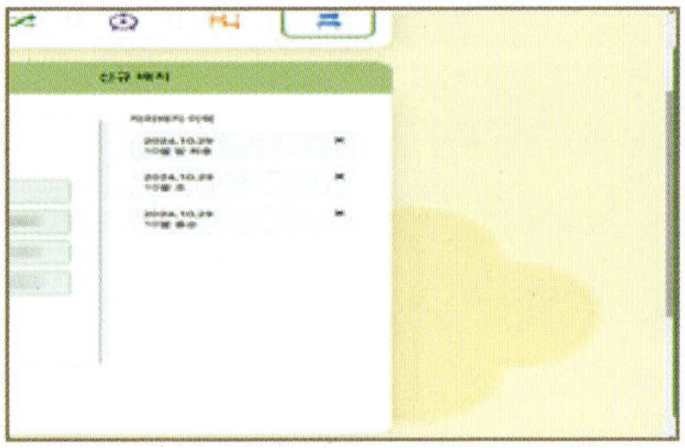

우측에 있는 '자리배치 이력'을 선택하면, 이전 자리 배치들을 한 곳에서 한 눈에 확인할 수 있습니다. 이전의 자리를 보면서 새로운 자리 배치를 하고 싶을 때는 하이러닝 창에서 학습경영도구를 한번 더 클릭해 새 창을 만든 뒤 비교하면 됩니다.

**Hi TIP**

<수업 중 자리 배치 변경하기>

1. 자리를 바꿀 때뿐만 아니라, 수업 중 자리 배치 변경이 필요할 때도 실제로 의자와 책상을 옮기지 않고도 자리 배치 기능을 활용할 수 있습니다.
2. '통합학습창'에서 우측 상단에 점 세 개를 눌러 '수업보조도구'를 선택합니다. 이 중에서 자리 배치 기능을 클릭해 자유롭게 배치합니다.

3. 자리배치를 완료한 후, 시작하기 버튼을 누르면 학생들에게 화면을 공유할 수 있습니다.

# 6 학급 운영

## 학생 참여형 수업을 돕는 '위젯'

> "태블릿 기기가 아이들 앞에 있으면, 아이들이 집중을 못하지 않을까요?"
> "디지털 기기를 아이들이 스스로 관리하고 활용할 수 있을까요?"

태블릿을 가지고 처음 수업을 하게 되면 항상 고민하게 되는 걱정입니다. 아이들이 스스로 태블릿을 잘 관리할 수 있을지, 그리고 수업에 집중할 수는 있는지. 정답부터 이야기하자면 결국 아이들도 직접 만지고 조작해 보아야 스스로 관리할 수 있는 능력이 생긴다는 점입니다.

하이러닝은 다양한 기능을 가지고 있습니다. 그만큼 수업에서 다양하게 활용 될 수 있는 장점이 있지만 반대로 이야기하면 학습자가 적재적소에 활용하지 못할 경우 오히려 수업에 방해가 될 수 있다는 뜻이기도 합니다.

그래서 하이러닝은 다양한 '위젯' 기능을 학습자에게 부여하여 적재적소에 활용할 수 있도록 제시하고 있습니다.

### 1 교사의 이야기에 더 집중하게 만드는 '집중벨'

수업 진행 중, 학습자가 교사에게 더 집중이 필요할 때 '집중벨'을 활용하면 학습자의 화면에는 집중벨이 표시되며, 아무것도 할 수 없는 상태가 됩니다. 학습자들은 자연스럽게 교사를 바라보게 됩니다.

우측 상단 [···] – [집중벨]

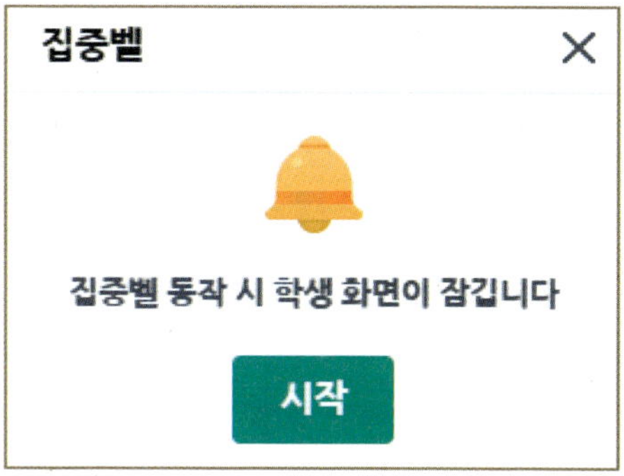


집중벨 시작창

집중벨 종료창

## ❷ 학습 과정에 긴장감을 부여하는 '타이머/초시계'

모둠 활동이나 개별 활동 시간에 정해진 시간 약속이 필요할 경우 활용하여 긴장감 있게 정해진 시간 내에 효과적으로 학습 과제를 해결할 수 있도록 독려할 수 있습니다.

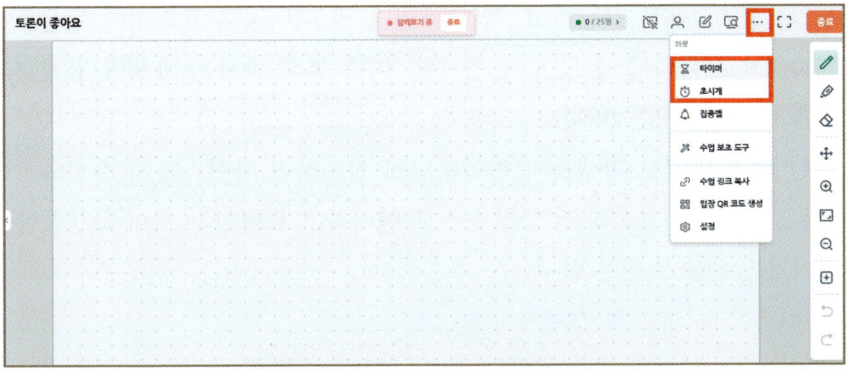


우측 상단 [···] – [타이머/초시계]

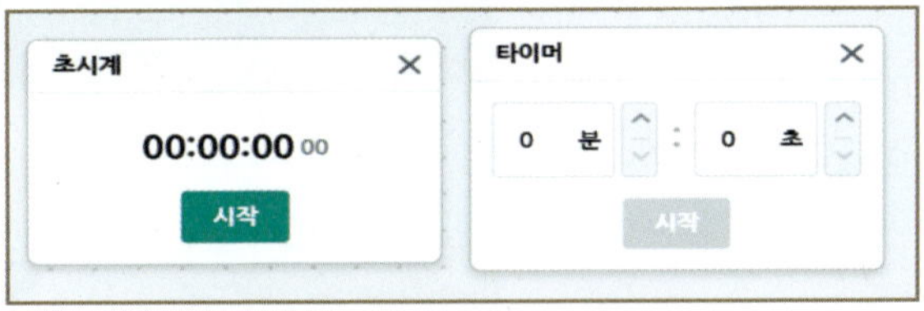


(좌)초시계, (우)타이머

## 감정을 기록하다, 나를 이해하는 감정판

기분을 기록하고 되돌아보는 습관이 감정 조절 능력에 어떤 영향을 줄까요?
교사가 학생들의 감정 상태를 보다 적극적으로 파악하고
지원하기 위해 할 수 있는 방법은 무엇일까요?

아침 활동으로 종종 감정자석칠판을 활용해 학생들이 자신의 감정을 인식하고 그 감정의 이유를 설명할 수 있게 했었습니다. 그러나 감정판 결과를 별도로 사진으로 보관하지 않는 이상 다시 확인하기 어려운 점이 있어 기록과 활용 방식에 대해 고민이 되었습니다.

하이러닝의 기능 중 학생이 자신의 기분을 표시할 수 있는 항목이 있습니다. 이 기능은 기분을 5단계로 구분하고, 각 단계를 날씨 이미지로 표현하여 학생들이 감정을 시각적으로 나타낼 수 있도록 합니다. 이를 통해 교사는 학생의 감정 상태를 보다 쉽게 파악할 수 있습니다.

특별한 안내 없이도 학생들이 하이러닝에 접속하면 자연스럽게 자신의 기분을 표시하는 것을 보면, 자신의 감정을 스스로 인식하고 표현하는 것이 학생들에게 중요한 의미가 있음을 느끼곤 합니다.

## 1 오늘 나의 기분 표시하기

학생의 하이러닝 홈 화면에서 우측 하단을 보면 자신의 감정을 체크할 수 있는 선택창이 뜹니다.

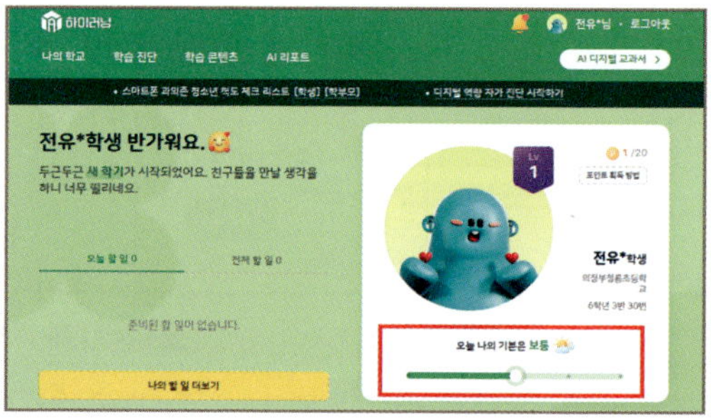


## 2 기분 변화 확인하기

교사의 하이러닝 나의 학교에서 나의 교실에 입장하면 학생들이 체크한 감정을 확인할 수 있는 화면이 뜹니다. 학생들이 선택한 감정을 일주일 단위로 확인할 수 있습니다.

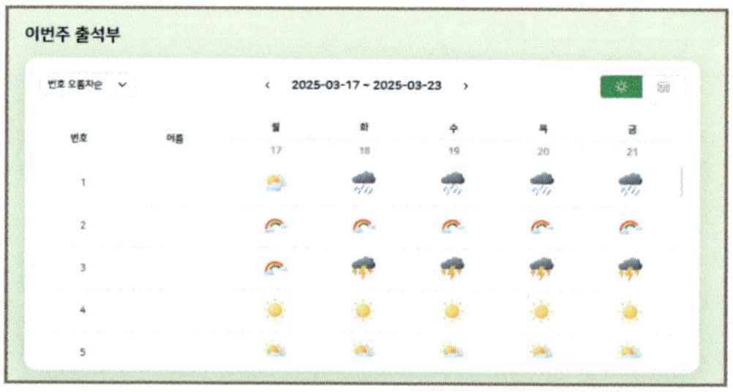


학생의 하이러닝 나의 학교에서 나의 교실에 입장하면 지금까지의 감정을 확인할 수 있는 화면이 뜹니다.

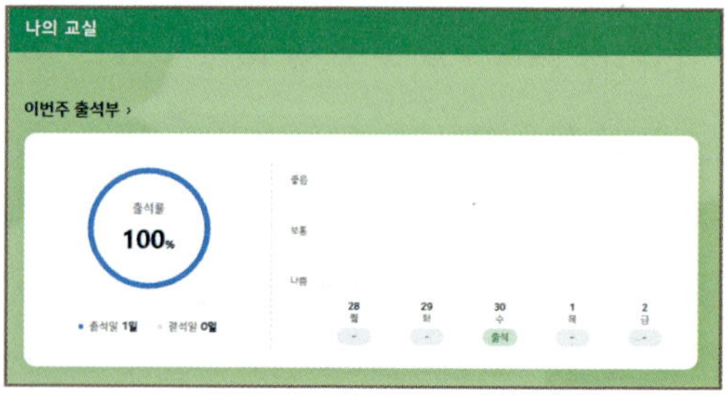

Hi TIP

<학생들 기분 모아보기>

교사는 그래프를 통해 학생들의 기분 변화를 한눈에 살펴볼 수 있습니다.

## 학습의 원동력, 내 캐릭터 보상 시스템

"학습자들이 적극적으로 수업에 참여할 수 있도록 하는 방법은 무엇일까요?"
"디지털 세상인 하이러닝에 나를 표현할 수 있는 방법은 없을까요? "

교실 현장에서는 학습자들이 수업에 적극적으로 참여할 수 있도록 독려하는 다양한 방법이 있습니다. 그중에서도 하이러닝은 '캐릭터 보상 시스템'을 갖추고 있습니다.

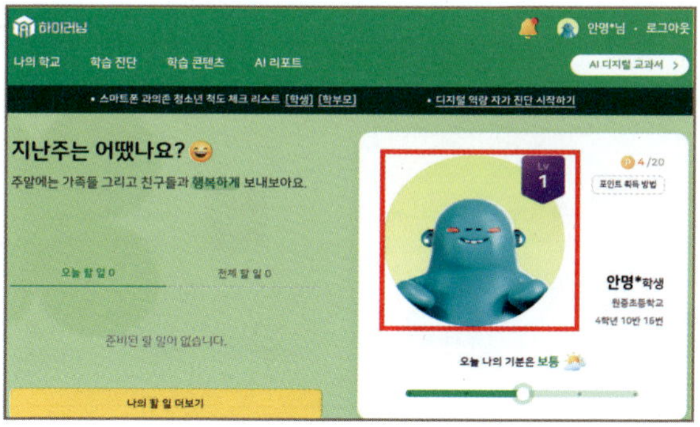


내 캐릭터 화면

학습자들이 하이러닝에 출석하거나, 문제를 푸는 등 다양한 활동을 해결할 때마다 포인트를 받습니다. 교사로부터 활동에 대한 보상으로 포인트를 지급받을 수도 있습니다. 수업에 적극적으로 참여하여 포인트를 모으고, 학생들은 자신의 캐릭터를 성장시킬 수 있습니다. 학습자들은 귀여운 캐릭터를 성장시키는 재미로 하이러닝에 적극적으로 참여하게 됩니다.

하이러닝 캐릭터 성장 단계

또한, 캐릭터에 나를 투영해 내가 표현하고 싶은 대로 프로필을 새롭게 구성할 수 있습니다. 자신의 사진이나, 자신이 좋아하는 캐릭터의 이미지를 업로드하여 하이러닝 프로필에 나만의 디지털 정체성을 갖도록 할 수 있습니다.

프로필 사진 변경하기

## 학급의 색깔을 담아, 학생들과 함께 하는 학급 환경 구성

학생들의 학습 과정과 결과를 체계적으로 기록하고 평가하는 데
어려움을 겪은 적이 있으신가요?
학생들의 성장도를 한눈에 보기 쉽게 관리하여 개별화 학습에
활용할 수 있는 방법은 없을까요?

학기초와 행사 등으로 학급 환경판이 바뀝니다. 선생님들께서는 학급 환경판을 어떻게 구성하시나요? 학급 환경판의 구성은 교사가 주관하는 경우가 많아 대부분 미화 활동을 시작할 때 많이 스트레스를 받는 것 같습니다.

하이러닝을 활용하면 학생들과 함께 학급 환경판 구성의 아이디어를 수합하고, 다양한 작품들을 모아 활용할 수 있습니다. 특히 협력 활동으로 이루어지는 모든 작품들을 종이로 나누어주는 것이 아니라 하이러닝 상에서 어려움 없이 나누어줄 수 있습니다.

학생들은 1년동안 자신들이 생활할 공간을 실질적으로 꾸며보는 활동을 통해 학급에 대한 애정을 가질 수 있고, 책임감 있게 참여할 수 있습니다. 이러한 하이러닝 활동을 통해 학생들과 함께 하는 학급 환경 구성 활동을 시작해보는 것이 어떨까요?

### 1 누적 기록된 학생 학습 결과물 수합하기

하이러닝에서는 '모둠/발표 수업' 기능, '클래스보드'를 활용하여 학생들의 학습 결과물을 누적 기록할 수 있습니다. 이 2가지 기능을 통해 학생들이 작품을 잃어버리지 않게 관리할 수 있고, 작품의 손상이 있는 경우에 대처해서 사용할 수 있습니다. 또한 여러 학습 결과물을 보며 학생들이 자신이 원하는 것을 선택하여 게시할 수 있습니다.

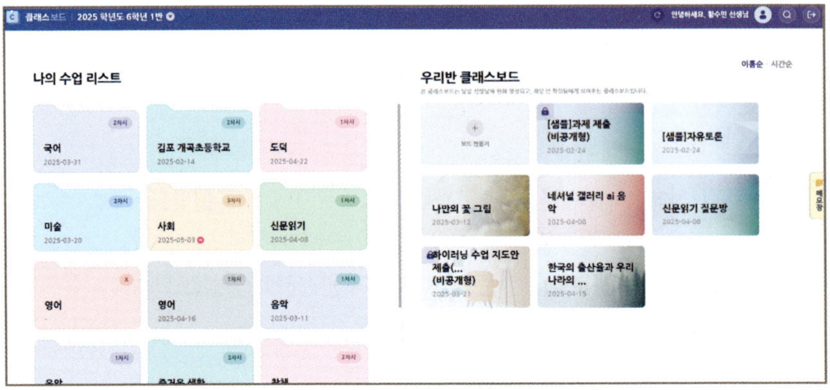


## 2 협동 환경 꾸밈판 완성하기

'화이트보드', '발표시키기' 기능을 통해 학생들은 자신이 제작한 작품을 협동 환경 꾸밈판으로 제작할 수 있습니다. 이렇게 학생주도작품을 활용하여 학급 환경판에 게시합니다.

**Hi TIP**

협동 환경 꾸밈판을 화이트보드에 붙여넣을 때는 학생들의 순서를 정해서 배치하도록 하는 것이 활동 시에 혼선을 줄여줄 수 있습니다.

## 내 역할, 내 책임! 함께 만드는 우리 학급

역할을 정하는 것부터 실천하기까지,
모든 학생들이 주도적으로 참여할 수 있는 방법은 없을까요?

학생들의 주도성과 책임감을 키우는 1인 1역, 학급 안에서 어떤 방식으로 운영하고 계신가요? 역할을 정하는 과정에서 릴레이 발표, 포스트잇 활용 등 다양한 방법을 시도해 보았는데요, 멀리 있는 학생들에게는 연필로 작성된 글씨나 모니터 한글 화면이 잘 보이지 않아 어려움을 겪었던 적이 있었습니다.

더불어 1인 1역을 운영하는 과정에서 학생들이 스스로 역할을 수행하며 뿌듯함을 느낄 수 있도록 하는 방법에 대한 고민도 지속적으로 필요했습니다.

하이러닝을 사용하면 모든 학생들이 역할 선정에 참여할 수 있으며, 실천 여부를 스스로 점검할 수 있습니다. 더불어 모든 활동이 기록되므로, 효율적인 운영이 가능하고 불필요한 시간 낭비를 줄일 수 있습니다. 하이러닝을 이렇게 활용해보면 어떨까요?

### 1 우리반에 필요한 역할은?

1) '통합학습창'의 '모둠/발표 기능'에서 학급 인원 수와 모둠 수를 동일하게 설정하여 각자 생각한 우리반에 필요한 역할을 자유롭게 작성합니다. 또는 학급 모둠 수에 맞게 설정하여 모둠원들끼리 함께 이야기해보도록 할 수 있습니다.
2) '통합학습창'의 '모둠/발표 기능'에서 전체가 1모둠이 되도록 모둠을 만들고 역할을 이야기하여 클래스보드에 기록을 남겨둡니다. (p.114 참고)

## ❷ 의견을 모아모아, 우리반 역할 정하기

아이디어를 모아 중복되는 역할을 정리하고, 필요한 역할을 선정해 남깁니다.

원하는 역할에 필기 기능을 활용해 체크하고, 원하는 학생이 많은 역할은 하이러닝 내 '학급경영도구'의 '사다리 타기', '학생 뽑기' 등을 활용할 수 있습니다.

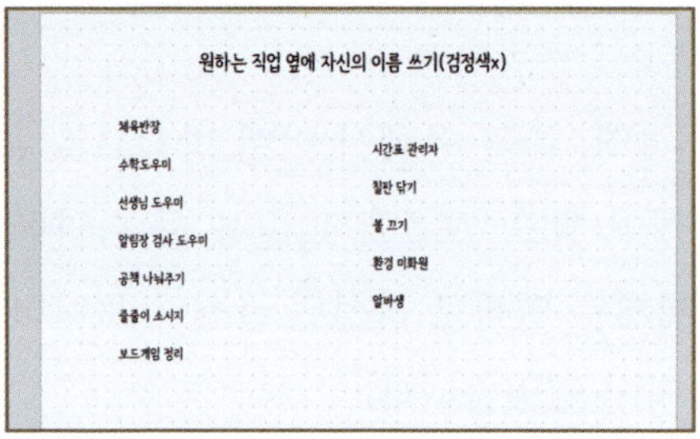


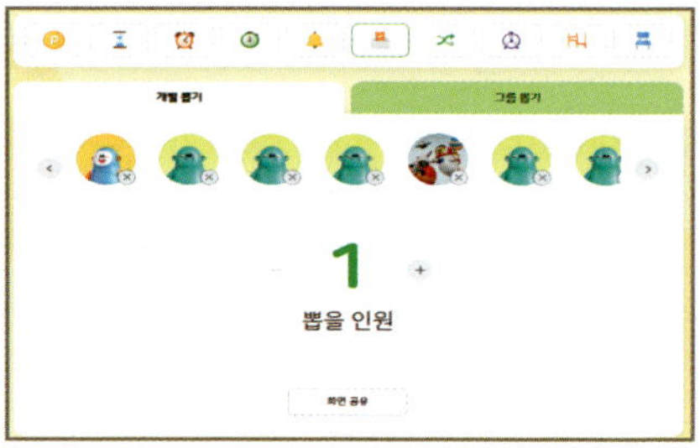


## ❸ 의미있는 역할나눔 기록하기

아침시간, 하교시간을 활용하여 '클래스보드'에 들어가 자신의 역할 수행을 점검하고 기록합니다.

## ❹ 다음 1인 1역 정하기

지난 클래스보드의 기록을 확인하고 점검하는 시간을 갖습니다.

기록을 토대로 새로운 1인 1역을 정합니다.

**Hi TIP**

저학년이나 중학년의 경우, 교사가 역할표를 제시하여 학생들과 의논하는 방향으로 원활하게 운영할 수 있습니다.

## 주도적으로 시작하는 하루, 아침 루틴 활동

시작하기 전 하루의 일과를 함께 나누는 것은 학생들에게 어떤 영향을 미칠까요?

초등학교 3학년 학생들과 9시가 되면 시작하는 루틴이 있었는데요, 바로 특별한 일정을 포함한 하루의 일과를 안내하고 함께 조정하는 시간이었습니다. 수업 내용을 공유하고 학급의 의견을 듣고 조정하는 과정만으로도 학생들은 큰 책임감을 가지고 학교생활에 임했습니다.

학생과 함께 하루를 계획하는 아침 활동은 교사가 제시하는 과제를 단순히 수행하는 것을 넘어, 학생들이 스스로 과제를 확인하고 하루의 일과를 의식적으로 인지할 수 있도록 합니다. 이를 통해 학생들은 자신의 배움에 대해 주도성을 가지고 주체적으로 학습을 주도하는 능력을 키울 수 있을 것입니다.

하이러닝 게시판을 활용한 아침 활동을 진행해 보는 것은 어떨까요?

### 1 오늘의 일과, 해야 할 일 게시판

하이러닝의 홈 화면 좌측에는 할 일, 화면 아래에는 게시판 항목이 있습니다.

게시판을 활용하여 오늘 일정과 관련된 안내, 수업 관련 안내와 제출해야 하는 것 등을 교사가 안내할 수 있습니다. 학생들은 이를 보고 하루의 일정을 파악하고 해야 하는 것을 우선순위 계획을 세워 실천할 수 있습니다.

## ② 가랑비에 옷이 젖듯, 매일 5문제

하이클래스 '학습 콘텐츠'에서 '문항' 에 들어가서 문제집을 배포하면, 오늘 할 일에 만든 문제집이 뜹니다.

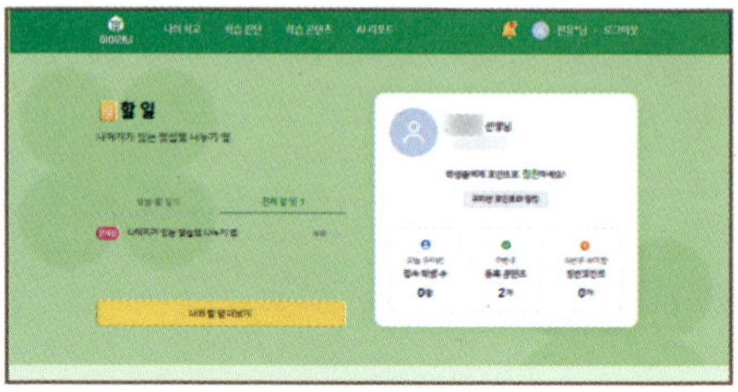

아침에 오면 문제집을 확인하고 해당하는 문제집을 선택해 문제를 해결합니다.

**Hi TIP**

매일 푸는 문제집을 만들 때는 문제집 이름에 그날 날짜를 함께 작성해서 배포하면 학생들이 쉽게 구분할 수 있습니다.

# 하이러닝을 활용한 학생 주도 행사 기획 및 운영

학생들이 기획하고 운영하는 행사를 통해 어떤 역량을 함양할 수 있으며
학습에 있어서 어떤 영향을 끼칠 수 있을까요?
학생들이 주도하는 행사 이후에 어떠한 과정으로 배움을 성찰할 수 있을까요?

선생님들께서는 학생이 주도적으로 기획하고 운영하는 행사를 운영해보신 적이 있나요? 학생 주도 학습의 일환으로 학생들이 주도하는 행사를 운영하는 경우가 있는데, 이를 기획하는 데 있어서 교사로서 어떤 것을 준비해주어야 하는지 막막하기도 합니다.

하이러닝을 활용하면 학생들이 체계적으로 역할을 분담하고 실시간으로 의견을 주고받으며 기획할 수 있고, 디지털 도구를 활용해서 창의적으로 행사를 운영할 수 있습니다. 무엇보다도 행사 자료를 따로 업로드 할 필요없이 행사 진행의 모든 과

정이 누적 기록됩니다.

교사는 행사 전반의 목적과 대상에 대해 공지하고 전반적인 지원을 하지만 대부분의 활동들을 학생들이 주도적으로 운영하기 때문에 행사 준비에 대한 부담감을 줄일 수 있습니다. 그러면, 하이러닝을 활용해서 협력성과 자율성, 창의성을 함양할 수 있는 학생 주도 행사를 운영해보시는 건 어떨까요?

## ❶ 하이러닝을 활용한 연극 행사 준비하기

하이러닝의 '클래스보드'를 이용해서 다양한 프로그램에 대한 아이디어와 역할 분담을 기획할 수 있고, 실시간으로 협업을 할 수 있습니다. '발표' 기능을 활용하여 행사에 대한 리허설을 실시할 수 있고, '채팅'이나 '웹url'을 활용하여 창의적인 행사 운영을 할 수 있습니다.

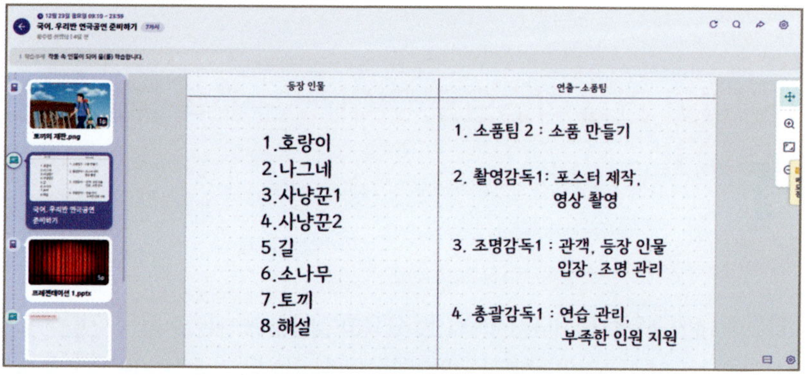


## ❷ 하이러닝을 활용한 졸업식 준비하기

학급 행사와 비슷하게 하이러닝의 기능을 활용할 수 있고, 추가적으로 '과제 제출' 기능과 '웹url' 기능을 활용하여 졸업식에 필요한 모든 자료를 업로드 하거나 다양한 에듀테크 도구들과 연동하여 졸업 자료를 발전 및 공유할 수 있습니다.

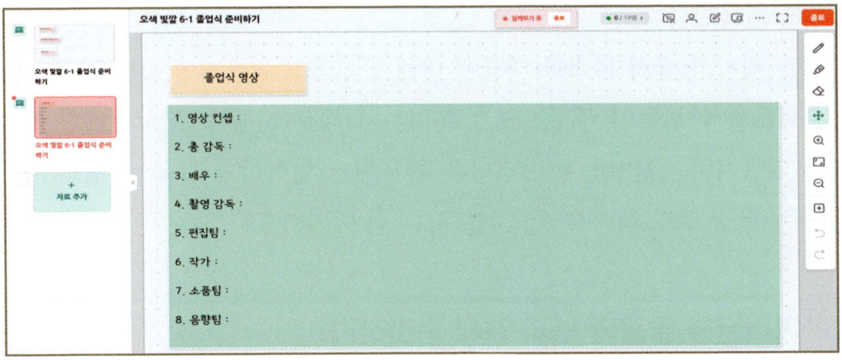


Hi TIP

'학습 콘텐츠' 기능으로 행사에서 사용된 자료를 저장하여 배포하면 학급 학생들이 개별적으로 확인이 가능하며 학교 차원에서 다른 학년의 행사를 기획할 때 참고자료로 활용할 수 있습니다.

## 가정과의 연계 학습으로 깊이 있는 교육 공동체로 거듭나기

"학교에서만 교육이 일어나면 학습자의 교육이 실생활에 내면화 될 수 있을까요?"
"가정과 연계하여 학습자의 삶에서 수업이 생생하게 일어날 수 있는 방법은 없을까요?"

교육 공동체에서 학교 안에 있는 교사와 학생은 당연히 중요한 존재입니다. 하지만 학교 현장에서 일어난 배움을 학생 삶에서 실질적으로 내면화하기 위해 필요한 곳은 당연히 가정입니다. 학교의 교육이 가정과 유기적으로 연계된다면, 학습자들은 더욱 의미 있는 배움을 실현할 수 있을 것입니다.

하이러닝은 그러한 배움의 기반을 제공하는 시스템을 갖추고 있습니다. 하이러닝을 활용해 가정과 연계한 수업에 한 걸음 더 다가가 보는 것은 어떨까요?

## ❶ 하이러닝 학부모 시스템 활용하기

하이러닝은 학생 – 학부모 – 교사의 교육 3주체를 실현하기 위해 학부모 서비스도 제공하고 있습니다. AI 리포트를 통해 학생들의 하이러닝 수업 현황을 체크하고 가정에서 강조하거나 연계해야 할 부분을 파악할 수 있도록 제시하고 있습니다. [AI 리포트] – [과목 리포트] / [종합리포트]에서 학습자들의 성취 정도를 파악하고 가정에서 학습자들에게 추가적인 학습 도움을 줄 수 있도록 제시하고 있습니다.

학부모 회원가입은 학생 접속과 마찬가지로 학교, 반, 번호를 입력하고, 학급 기본 비밀번호로 접속합니다. 이때, 최초 로그인 시에는 반드시 학급 담임의 승인을 받아야 합니다.

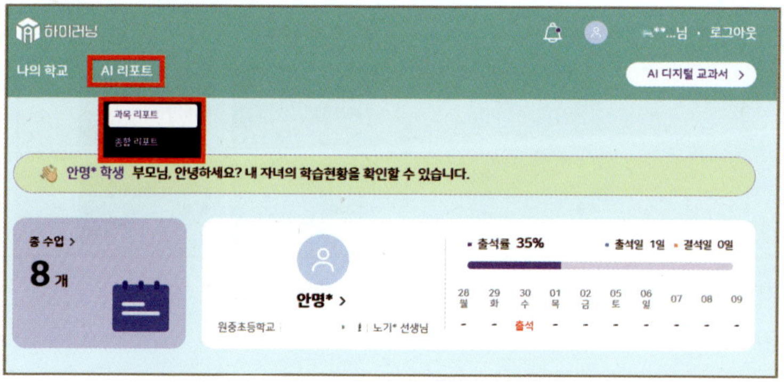


학부모 로그인 – [AI리포트] – [과목 리포트/종합 리포트]

## ❷ 클래스보드의 수업 기록을 공유하고 코멘트받기

하이러닝은 기능 특성상 수업이 종료되고나면 클래스보드에 우리반 수업 기록이 자동으로 저장됩니다. 이 기능을 활용해 학기별 횟수를 정하여 학부모에게 수업 기록 클래스보드를 공유합니다. 학부모는 자녀가 학교에서 어떤 학습을 하고 있는지 확인할 수 있으며, 가정에서 지도가 필요한 부분을 이해하고 학교와 교사에 대한 신뢰감을 쌓을 수 있습니다.

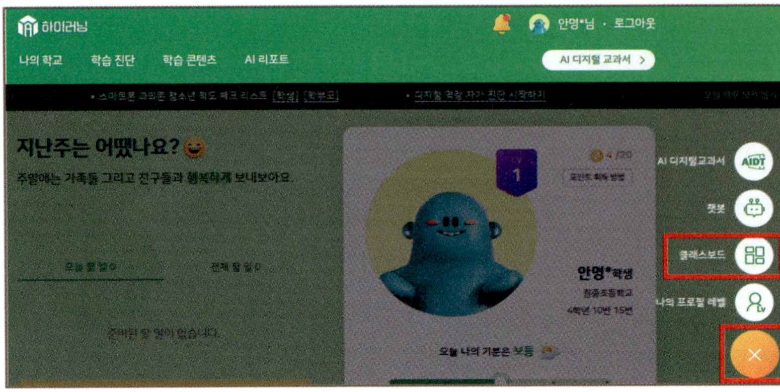


클래스보드 입장하기

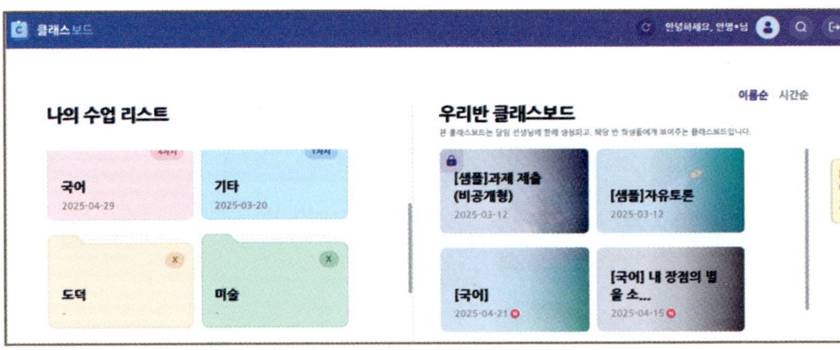


클래스보드 살펴보며 대화 나누기

# 7
# 학습으로의 평가

## 자동 채점부터 피드백까지, 평가의 새로운 패러다임 – AI 논술형 평가

> 논술형 평가, 출제도 어렵고 채점도 어렵게 느껴지지 않았나요?

논술형 문제는 학생의 사고력, 표현력, 논리력 등을 종합적으로 진단할 수 있는 효과적인 평가 방식으로서 최근 그 중요성이 많이 강조되고 있습니다. 하지만 교사 입장에서는 가장 어려운 평가 유형이기도 합니다.

일일이 학생의 글을 읽고 평가 기준에 따라 점수를 부여하고, 피드백을 정리하고, 기준별 점수와 총점을 산출하는 데 시간과 에너지가 엄청나게 소모되기 때문입니다. 이러한 교사의 부담을 줄이면서도, 논술 평가의 교육적 가치는 놓치지 않도록 도와주는 기능이 바로 하이러닝의 'AI 논술진단' 기능입니다.

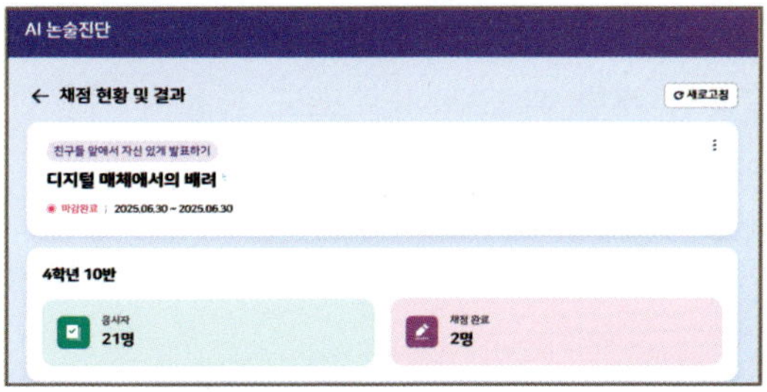


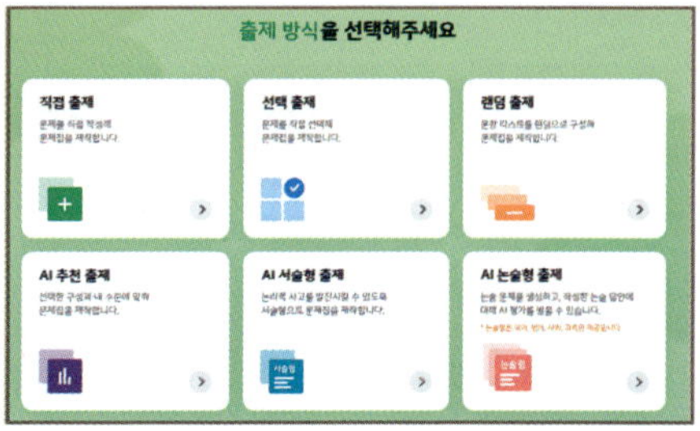

### * AI 논술진단, 이렇게 시작해요

**1. 입장 : [학습 진단] 〉 [AI 학습 진단] 〉 [AI 논술진단] 클릭**

→ 메인 메뉴에서는 눈에 잘 띄지 않고, 평가 탭에 들어가서 클릭해야 합니다.

**2. 교과 선택: 국어, 사회, 과학, 영어 중에서 설정 가능** (현재는 4학년 이상만 가능합니다.)

→ 각 교과에 맞는 대단원, 중단원, 소단원을 선택할 수 있어 과정중심의 서술형·논술형 문항 설계가 가능합니다.

**3. 문항 작성: 문제 제목, 서술·논술형 질문 작성 + 필수 키워드 설정**

→ 예: 지문의 내용을 읽고 이에 대한 해결 방법을 제시해보세요.

→ 키워드는 '가족', '행복', '시간관리' 등 다양하게 지정하여 요소 채점이 가능

**4. 채점 기준 설정: 기존 평가 기준을 선택하거나 교사가 새로 만들 수도 있음**

→ 예: 주제의 충실성, 어휘의 적절성, 문법의 정확성 등

→ 각 항목마다 AI가 기준별로 점수 부여 및 피드백 제공

**5. 문항 출제: 학년, 반, 시간제한, 제출 기한 등 설정하고 출제 완료**

→ 설정된 기간 내에 학생이 응시하면 자동 채점 프로세스가 작동됩니다.

**6. 학생 글 제출 후엔 이렇게 평가됩니다.**

AI가 자동으로 채점하며, 종합 점수(예: 82~92점)와 서술형 피드백을 함께 제공합니다. 교사도 같은 항목에 대해 직접 점수를 입력하며 AI 점수와 비교·조정 이 가능합니다.

기준별 세부 피드백도 제공되므로 학생 개별 피드백 자료로도 활용이 가능합니다.

## 성장 보드로 수행평가하기

학생들의 학습 과정과 결과를 체계적으로 기록하고 평가하는 데
어려움을 겪은 적이 있으신가요?
학생들의 성장도를 한눈에 보기 쉽게 관리하여 개별화 학습에
활용할 수 있는 방법은 없을까요?

1년 동안의 학생들의 성장도를 평가하는 수행평가, 자료의 누적 기록 관리가 안 되어 성장도를 평가하는 데 있어서 어려움이 있지는 않으셨나요? 교사들은 각 학생들의 학습 자료를 통해 성장도를 평가하여 개별화 학습의 초석을 마련하는 것에 부담이 있는 것 같습니다.

하이러닝을 활용하면 학생들의 모든 개별, 모둠별 학습자료를 기록으로 남길 수 있습니다. 학생들의 자료를 통해 교사는 개개인의 성장 정도를 확인하고, 수준에 맞는 심화 보충 학습을 계획할 수 있습니다.

학생들의 자료들은 포트폴리오의 역할을 하여 교사가 1년동안의 교수학습계획을 수정하고 적용하는 데 큰 도움이 되며, 학생들에게는 자신의 성장도를 객관적인 관점에서 볼 수 있는 기회가 됩니다. 하이러닝을 활용해서 우리반의 성장보드를 완성해보면 어떨까요?

### 1 개별 보드로 수행평가 실시하기

하이러닝의 '모둠/발표' 기능으로 모둠의 수를 전체 학생 수 만큼 구성하여 개인 학습 공간을 확보합니다. 교사가 만든 수업 자료를 추가하여 학습을 시작할 수 있으며 수업이 종료되면 학생 개별로 학습 자료가 누적 기록이 됩니다. 이러한 개별 보드 살펴보고 교사는 학생의 수준과 성장도를 감안하여 수행평가를 실시합니다.

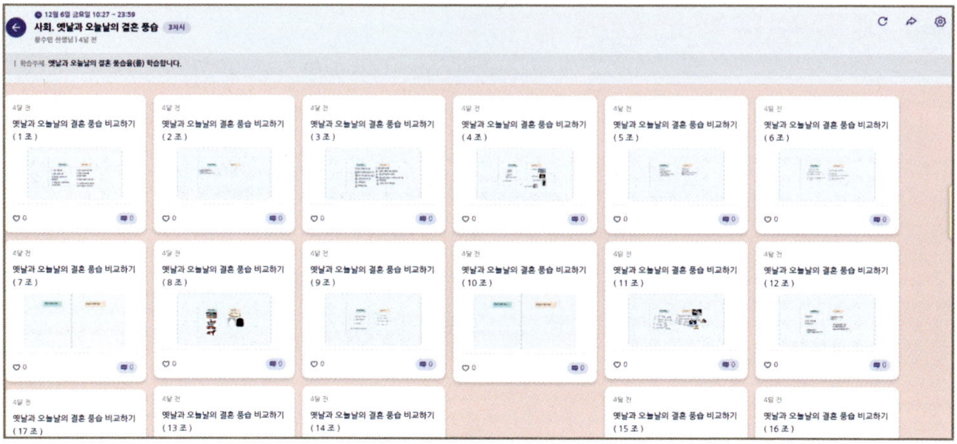


## ❷ 모둠 보드로 협력 활동에 대한 수행평가 실시하기

모둠으로 구성하면 모둠별 학습 활동 결과가 누적 기록됩니다. 과목별, 성취기준별 수행평가의 계획에 따라 협력 활동에 대한 수행평가를 실시할 수 있습니다.

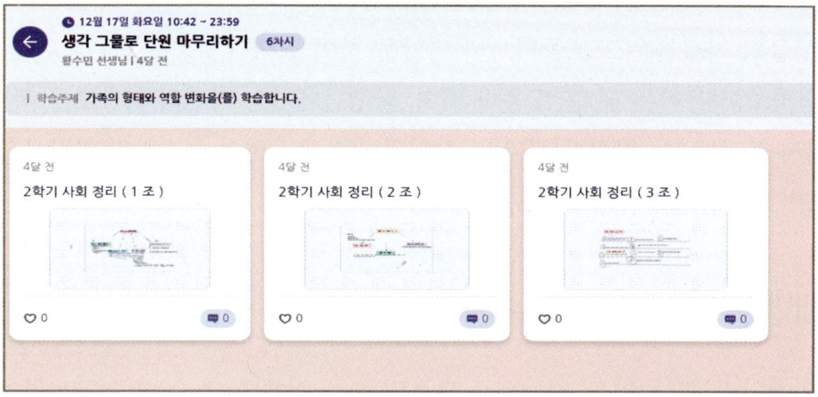

학급 전체 학생의 협력 학습 활동 결과의 기록을 남기고 싶은 경우, 학생 계정을 추가로 등록하여 한 모둠에는 추가한 학생 계정을 넣고 다른 모둠에는 전체 학생의 계정을 넣습니다.

## 디지털 갤러리로 작품 전시회 개최하기

학생들의 학습의 결과물을 성찰하는 방법 중 어떤 방법을 활용하고 계신가요?

선생님들께서는 학생들의 작품 전시회를 어떻게 진행하고 계신가요? 혹시 작품을 전시하고 발표하는 과정이 흐지부지하게 마무리된 적은 없으신가요? 학생들이 노력해서 제작한 작품들을 소란스러운 이동 없이 매너있게 감상할 수 있는 방법은 없는지 고민이 되었습니다.

하이러닝을 활용하면 작품을 온라인상에 전시할 수 있어 영구적으로 보존할 수 있고, 학생들이 이동할 필요 없이 진지한 태도로 감상할 수 있는 시간이 확보됩니다. 이뿐만 아니라 작품을 감상 이후 감상평을 실시간으로 기록할 수 있기 때문에 작품을 제작한 학생들의 경우에도 뿌듯함을 함께 느낄 수 있습니다.

하이러닝을 활용해서 작품 전시회를 개최해보시는 것이 어떨까요?

### ❶ 시화 전시회 개최하기

캔바를 활용해 시화를 제작하도록 한 후, 시화를 '우리반 클래스 보드'에 넣도록 합니다. 작품을 감상한 이후 댓글에 감상평을 남기도록 합니다.

## ② 1년 동안의 나의 최애 작품 선정하기

'클래스보드'에 자신의 작품들을 올리고, 자신의 최애 작품을 선정하여 전시회를 개최하는 것이 가능합니다. 전시회 개최 시에 하이러닝 상에서 고른 작품을 실물화하여 선물하는 활동으로 이어지면 자신의 작품에 대한 애정도가 높아져 작품 제작에 대한 자신감과 흥미도를 높일 수 있습니다.

Hi TIP

감상평을 남길 때 비판적인 말은 학생들에게 정서적으로 부정적인 영향을 줄 수 있으므로 사전 교육이나 예시가 필요합니다.

## 클래스보드로 수업, 평가 한 방에 해결하기

선생님께서는 수업과 평가를 어떻게 실시하고 계신가요?
어떤 방법으로 수업과 평가를 유기적으로 연결할 수 있을까요?

1명의 교사가 20명 이상의 학생 전원을 수업 중에 과정을 중심으로 평가하는 것은 결코 쉬운 일이 아닙니다. 이에 수업은 수업대로, 평가는 평가대로 각각 독립적으로 진행하는 경우를 드물지 않게 확인할 수 있습니다.

학습으로의 평가를 내실화하여 수업이 곧 평가가 되고 평가가 곧 수업이 되도록 하기 위해 하이러닝을 활용해서 이런 수업을 해보면 어떨까요?

## 1 클래스보드의 우리반 클래스보드에 학습내용 요약

하이러닝 클래스보드의 우리반 클래스보드 기능을 활용하면 수업과 평가를 한꺼번에 진행할 수 있습니다. 패들렛과 유사한 역할을 하는 우리반 클래스보드에 이번 차시에 학습한 내용을 간단히 정리해 업로드하면 곧바로 우리반의 온라인 배움공책 공유의 장이 완성됩니다. 학생들은 동일한 수업에 참여했지만 서로의 배움이 어떻게 다른 지를 느끼며 학습에 대한 동기를 높일 수 있습니다. 교사의 입장에서는 배움공책을 온라인으로 빠르게 점검하는 것과 유사한 효과를 얻을 수 있습니다.

이렇게 우리반 클래스보드에 정리한 내용은 다음 차시의 전시학습 상기를 위해 사용될 수 있습니다.

## 2 비공개 평가로 활용

우리반 클래스보드에는 붙임쪽지를 비공개 잠금 처리할 수 있는 기능이 있습니다. 이는 교사가 클래스보드 생성 시 비공개로 설정하는 방법을 통해 가능합니다. 교사가 우리반 클래스보드에 문제지를 업로드하면, 학생들이 이를 다운로드해 온라인으로 답을 입력해 작성하고 붙임쪽지를 발행합니다. 이 기능을 통해 학생들은 교사에게 평가 문항을 온라인으로 제출할 수 있습니다. 다른 학생들은 다른 친구의 게시물은 보이지 않기 때문에 학생 간에 서로의 답을 알 수 없어 평가로 활용하기 좋습니다. 패들렛과 달리 실명 기반으로 진행된다는 점도 큰 장점입니다.

Hi TIP

꼭 첨부파일을 업로드하지 않더라도 간단한 퀴즈에 대한 답을 올리는 등의 방식도 가능합니다. 평가 외에 과제 제출 등의 목적으로도 사용할 수 있습니다.

## 비밀 상담소를 통해 학생들과 정서적 소통하기

학생들에게 있어서 심리적 안정과 자기 성찰의 기회를 갖는
선생님만의 학급 운영 방법은 무엇인가요?
가정과 연계하여 실질적으로 정서적 지원을 할 수 있는 방법은 무엇일까요?

학생 및 학부모 상담의 기초 자료로 어떤 것을 활용하시나요? 관찰일지나 문장완성검사 등의 자료들을 활용할 수 있지만 형식적이고 단편적인 정보의 일부가 되는 경우가 있습니다. 학생들과의 라포 형성을 할 수 있는 자연스러운 방법에 대해 교사들은 많이 고민합니다.

하이러닝의 클래스보드 '비공개' 기능을 활용하여 비밀 상담을 할 수 있습니다. 비밀이 보장되고, 비대면이 가능하며 시공간의 제약이 없는 학급 고민 상담소를 만들 수 있는 것입니다. 디지털 환경에 익숙한 학생들은 대면 상담보다 비대면 상담을 통해 더 진솔하게 이야기하는 경우가 많고, 학생 간 비밀이 보장되는 것과 시공간의 제약이 없는 것에 용기를 가지고 고민을 털어놓을 수 있습니다.

교사와 학생간의 진솔한 이야기를 나누는 과정에서 라포를 깊게 형성하여 자료들을 기반으로 하여 심층적인 상담을 실시할 수 있으며 학부모와의 상담에서 실질적인 도움을 드릴 수 있습니다.

## ❶ 비밀 상담소 개설하기

'우리반 클래스 보드'에 '비공개' 기능을 활용해서 교사–학생, 교사–학부모 간 고민이나 질문 사항을 올릴 수 있는 비밀 상담소를 개설합니다. 학생들의 경우 고민을 직접 말하기 어려운 경우에 비밀 상담소를 통해 부담감 없이 이용할 수 있으며, 학부모의 경우는 자녀에 대한 고민이나 요구 사항을 게시하여 학급 운영에 반영할 수 있는 소통의 장으로써 역할을 할 수 있다.

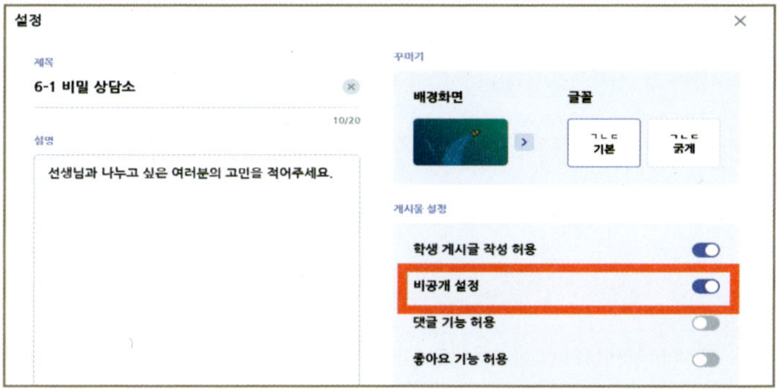


## ❷ 심층 상담 실시하기

학생들의 학교 생활과 비밀 상담소 기록을 통해 학생 및 학부모와의 상담을 심층적으로 실시할 수 있습니다. 특히 학생의 경우, 겉으로 드러나지 않았던 문제들(학교 폭력, 학대 등)을 파악하여 대처하거나 개인 상담을 실시하여 가정과 연계할 수 있습니다. 학부모 상담의 경우는 포괄적이고 추상적인 상담이 아닌 학생들의 이야기를 통한 구체적이고 실질적인 상담으로 이어갈 수 있습니다.

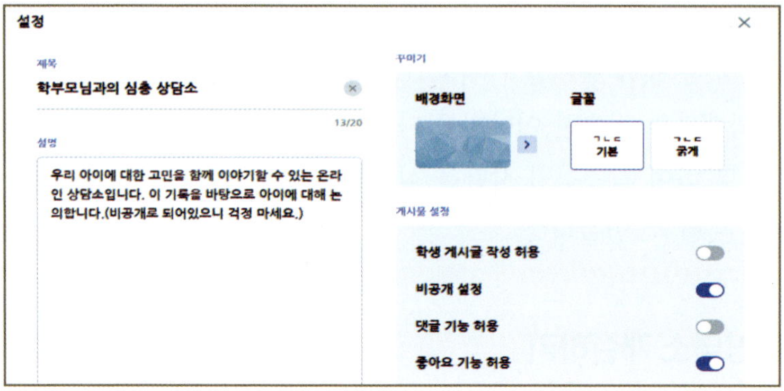


**Hi TIP**

선생님들께서 나이스 행동 특성 누가 기록에 해당 내용을 반영하시면 따로 학급일지를 작성하지 않아도 되고, 학급 운영 시에 용이합니다.

# PART III

# 부록

1 하이러닝 사용자모임 카페 안내

2 하이러닝 활용자료 모음 안내

## 1 하이러닝 사용자모임 카페 안내

네이버 카페
'하이러닝 사용자 모임' 접속 ☞
https://cafe.naver.com/hilearning

하이러닝 플랫폼을 함께 활용하는 교사들의 소통 공간, 지금 함께하세요!

교육의 디지털 전환이 가속화되면서, 효과적인 교수-학습 도구의 선택은 더욱 중요해졌습니다. '하이러닝'을 함께 사용하는 교사들이 모인 이 온라인 카페는 다음과 같은 도움을 받을 수 있습니다.

### 실제 수업 적용 사례 공유

현직 교사들의 생생한 수업 사례와 팁을 통해 하이러닝을 보다 효과적으로 활용할 수 있습니다.

### 자료 나눔과 공동 개발

수업자료, 퀴즈, 과제 등 다양한 콘텐츠를 함께 만들고 공유하며 협력적인 교육 환경을 만들어갑니다.

### 문제 해결을 위한 Q&A

사용 중 어려운 점이나 궁금한 사항을 서로 묻고 답하며 빠르게 해결할 수 있습니다.

### 교육 트렌드 정보 교류

AI 기반 교육, 맞춤형 학습, 플립러닝 등 다양한 최신 교육 흐름에 대한 정보도 나누고 있습니다.

### 교사 간 네트워킹

전국의 교사들과 교육 철학, 수업 방향, 고민을 나누며 함께 성장할 수 있는 공간입니다.

하이러닝을 사용하는 모든 선생님들, 환영합니다. 더 나은 수업을 위한 첫걸음, 지금 네이버 카페 하이러닝 사용자 모임과 함께하세요.

## 2 하이러닝 활용자료 모음 안내

### ❶ 채널GOE 경기도교육청 유튜브

https://www.youtube.com/channel/UCz1W1_XpIY8bO2pGTcZ66Wg

### ❷ AI 활용 맞춤형 교육 가이드 Ⅰ, Ⅱ

## ③ 경기도교육청 - 경기도 수석교사 - 자료마당 - 수업지도안

https://more.goe.go.kr/mt/subList/20000000762

하이러닝을 활용한 깊이 있는 수업

초판발행 2025년 7월 31일

지은이 조윤호 · 김경서 · 노기현 · 전유빈 · 황수민
펴낸이 노 현

편 집 조영은
기획/마케팅 이선경
표지디자인 BEN STORY
제 작 고철민 · 김원표

펴낸곳 ㈜ 피와이메이트
서울특별시 금천구 가산디지털2로 53, 210호(가산동, 한라시그마밸리)
등록 2014. 2. 12. 제2018-000080호
전 화 02)733-6771
f a x 02)736-4818
e-mail pys@pybook.co.kr
homepage www.pybook.co.kr
ISBN 979-11-7279-143-8 93370



정 가 17,000원

박영스토리는 박영사와 함께하는 브랜드입니다.